Haruyo Kataoka

Japanisch kochen
leicht gemacht

Reizvolle Original-Rezepte
und hilfreiche Küchentips.

GU
Gräfe und Unzer

Umschlag-Vorderseite:
Die schmackhaften japanischen Gerichte Grüne Bohnen mit Sesam-Miso-Dressing (hinten) und Rindfleischröllchen mit Gemüse sind schnell zubereitet.
Rezepte Seiten 33 und 51.
2. Umschlagseite:
Als Bestandteil eines japanischen Menüs eignen sich Eierstich mit Hühnerfleisch (hinten) und in Misosauce marinierte, gegrillte Fischfilets besonders gut.
Rezepte Seiten 49 und 42.
3. Umschlagseite:
Einige wichtige Zutaten der japanischen Küche. Näheres dazu können Sie auf den Seiten 8 und 56 nachlesen.

Haruyo Kataoka

wurde in Nagoya, Japan, geboren. Sie ist in einer Großfamilie aufgewachsen, in der sie das Kochen auf traditionelle japanische Weise ganz selbstverständlich lernte. Sie studierte Kunstgeschichte in Tokio, später in Deutschland Anglistik und Germanistik. Seit 1981 lebt sie in Düsseldorf. Da ihr Mann Verkaufsleiter eines großen japanischen Handelshauses ist, kocht sie häufig für Gäste, die original japanisch essen wollen. Durch einen Beitrag: »Zu Gast in Japan« in der Zeitschrift FÜR SIE wurde ihre Kochkunst erstmals öffentlich bekannt.
In der berühmten Kochschule von Marianne Kaltenbach in Luzern hat sie dann einen Kochkurs über die japanische Küche durchgeführt. Er war solch ein Erfolg, daß der Kurs nun regelmäßig stattfinden wird.

CIP-Titelaufnahme der Deutschen Bibliothek

Kataoka, Haruyo:
Japanisch kochen – leicht gemacht: reizvolle Orig.-Rezepte u. hilfreiche Küchentips / Haruyo Kataoka. – 2. Aufl. – München: Gräfe u. Unzer, 1990
(GU-Küchen-Ratgeber)
ISBN 3-7742-3320-9

2. Auflage 1990
© Gräfe und Unzer GmbH, München

Redaktion: Cornelia Schinharl
Herstellung: Robert Gigler
Kalligraphie: Takashi Mase
Farbfotos: Fotostudio Teubner
Zeichnungen: Gerlind Bruhn
Umschlaggestaltung: Heinz Kraxenberger
Satz und Druck: Appl, Wemding
Bindung: R. Oldenbourg

ISBN 3-7742-3320-9

Sie finden in diesem Buch

Ein Wort zuvor

Die japanische Küche ist in vieler Hinsicht ganz anders als die hier übliche. Gerade aber deshalb hat sie wohl auch für den Europäer einen besonderen Reiz, denn sie findet hier immer mehr Freunde. Die japanische Küche bereitet nicht nur Ihren Augen und Ihrem Gaumen eine Freude, sondern sie hat auch viele Vorteile für Ihre Gesundheit. Es wird viel Gemüse verwendet und Fisch und verschiedene Meeresfrüchte gegenüber dem Fleisch bevorzugt. Die japanische Küche kennt keine schweren Saucen und geht mit Fett äußerst sparsam um. Wenn Sie also schlank bleiben wollen, ohne auf gutes Essen zu verzichten, ist die japanische Küche eine ideale Lösung. Und nicht nur deshalb lohnt es sich bestimmt für Sie, unsere Küche kennenzulernen.

Bei den meisten der Gerichte, die ich in diesem Buch zusammengestellt habe, handelt es sich um japanische Hausmannskost. Außerdem habe ich einige besonders schöne Gerichte ausgesucht, die bei meinen deutschen Freunden immer ein großes Echo hervorrufen.

Alle Gerichte in diesem Küchen-Ratgeber habe ich bewußt sparsam gewürzt, da übermäßiges Würzen den Eigengeschmack der Lebensmittel überdeckt und vor allem zuviel Salz zahlreiche Krankheiten verursachen kann. Die einzelnen Portionen sind für deutsche Maßstäbe ziemlich klein, da ich immer von einem Menü aus 3 kleinen Gerichten, einer Suppe und einem Schälchen Reis oder Sushi ausgegangen bin. Wenn Sie nur eine Vorspeise und ein Hauptgericht kochen möchten, nehmen Sie einfach etwas mehr von allem.

Bei der Auswahl der Rezepte habe ich darauf geachtet, daß Sie alle Zutaten in großen Kaufhäusern und japanischen Lebensmittelläden leicht bekommen. Viele der von mir vorgestellten Gerichte können Sie sogar ohne »spezielle« Lebensmittel zubereiten. Manche typisch japanischen Zutaten, vor allem einige Fischarten, gibt es hier allerdings nicht. Trotzdem konnte ich alle Rezepte mit den Produkten, die hier zu kaufen sind, original japanisch kochen.

Wie abwechslungsreich die Gerichte sind, beweisen schon die brillanten Farbfotos, die auch einen optischen Eindruck der japanischen Eßkultur vermitteln. Schritt-für-Schritt-Abbildungen sowie viele Tips und Zeichnungen sollen Ihnen die Zubereitung etwas schwierigerer Gerichte erleichtern. Die wichtigsten Handgriffe der japanischen Küche wie Sushireis und Dashi kochen, habe ich ganz genau beschrieben. Besondere Zutaten und eine Einführung in die Philosophie der japanischen Küche finden Sie im Kapitel »Besonderheiten der japanischen Küche«. Selbst wenn Sie bisher noch nicht japanisch gekocht haben, brauchen Sie also vor den fremden Zutaten und Zubereitungsarten keine Angst zu haben.

Ich hoffe, daß dieses Buch Ihnen eine neue kulinarische Perspektive eröffnet und daß Sie beim Ausprobieren der Rezepte und beim Essen mit Ihrer Familie und Ihren Freunden viel Freude haben werden. Suchen Sie vielleicht etwas ganz besonderes für Ihre nächste Einladung? Überraschen Sie Ihre Gäste mit einem japanischen Menü.

Ich wünsche Ihnen viel Spaß beim Kochen und guten Appetit!

Ihre Haruyo Kataoka

Besonderheiten der japanischen Küche

Die Philosophie der japanischen Küche

Die japanische Küche unterscheidet sich stark von der chinesischen und auch der europäischen Küche. Japanische Köche versuchen, durch die sorgfältige Zubereitung den ursprünglichen Eigengeschmack der Lebensmittel hervorzuheben und durch das Würzen zu unterstreichen. Dagegen streben die chinesische und europäische Küche danach, den Gerichten durch die Kunstfertigkeit des Kochs einen raffinierten Geschmack zu geben. Die Philosophie der japanischen Küche lehnt es ab, das Aroma der Zutaten durch Gewürze zu überdecken. Gewürze dienen lediglich dazu, den Eigengeschmack der Zutaten im Hintergrund zu unterstreichen. Die Lebensmittel werden meist klein geschnitten, damit sie schnell gar sind und so ihr ursprüngliches Aroma erhalten bleibt. Diese Zubereitungsart verlangt natürlich ganz besonders, daß alle Zutaten von allerhöchster Qualität sind.

Das beste Beispiel der japanischen Küchenphilosophie ist Sashimi - rohes Fischfilet in mundgerechten Stücken. Sashimi ist das denkbar einfachste Gericht und beginnt mit der Suche nach dem richtigen Fisch. Da er roh gegessen wird, muß der Fisch fangfrisch sein. Der japanische Koch sucht auf dem Fischmarkt einen wirklich frischen Fisch. Er soll klare Augen, fest anliegende Schuppen und grellrote Kiemen haben. Natürlich darf er auf keinen Fall »fischig« riechen. Der Fisch wird dann geschuppt, ausgenommen, gewaschen und filetiert. Die Filets werden in kleine Stücke geschnitten und mit der Sauce ungegart und mit Wasabi (japanischem grünem Meerrettich) serviert. Japaner schätzen dies als das Raffinierteste überhaupt.

Die vier Jahreszeiten und das Anrichten

Die traditionelle Liebe zur Natur, die ursprünglich aus dem Shintoismus (japanische Nationalreligion) stammt, ließ die Japaner einen ausgeprägten Sinn für die Jahreszeiten entwickeln, so daß die meisten Speisen auch mit einer bestimmten Jahreszeit in Verbindung gebracht werden. Das abwechslungsreiche Klima Japans schenkt uns eine reiche Auswahl an verschiedenen Gemüsen und Fischen zu jeder Jahreszeit. Obwohl heutzutage dank der Tiefkühltechnik das ganze Jahr über alle Fische und Gemüse erhältlich sind, haben die Japaner noch immer genaue Vorstellungen, welche Lebensmittel zu welcher Jahreszeit gehören. Zum Beispiel ist Bonito (ein Verwandter des Thunfisches) das Symbol des Frühsommers. Die Venusmuschel gehört zum Pfirsichblütenfest im Frühling. Im Herbst darf Sanma-Fisch nicht fehlen. Auch in diesem Buch habe ich einige Gerichte aufgeführt, die für bestimmte Jahreszeiten typisch sind.

Die Eßgewohnheiten

In einer japanischen Familie wird dreimal täglich warm gekocht. Gefrühstückt wird mit frisch gekochtem Reis, Misosuppe, eingelegtem Gemüse, leicht geröstetem getrocknetem Fisch und Seetang. Zu Mittag ißt man normalerweise am Arbeitsplatz oder zu Hause ein einfaches Gericht wie zum Beispiel Nudelsuppe. Das Abendessen ist die Hauptmahlzeit, denn dann können alle Familienmitglieder gemeinsam essen. Es besteht meist aus 3-4 Gerichten in kleinen Portionen, einer Suppe und einem Schälchen Reis. Dies sorgt für eine gesunde Mischkost mit Zutaten aus allen Lebensmittelgruppen.

Der Japaner holt seinen Eiweißbedarf halb von den pflanzlichen, halb von den tierischen Proteinquellen. Dies hat mit der Geschichte der Eßgewohnheiten Japans zu tun. Da die buddhistische Lehre es verbietet, Tiere zu töten, wurde in Japan lange Zeit der Fleischverzehr verboten. Dieses Verbot dauerte vom 8. Jahrhundert bis zur Meiji-Restauration im Jahre 1868. Zu diesem Zeitpunkt wurde das Shogunat beseitigt und die Kaisergewalt wiederhergestellt. Gleichzeitig wurde die Verschließungspolitik aufgehoben und die westliche Kultur setzte ihren Einfluß durch. Das Verbot von Fleisch hat auf die japanische Küche einen entscheidenden Einfluß genommen. Es führte zur Entwicklung der zahlreichen raffinierten Sojabohnenprodukte wie Tofu, Sojasauce und Miso. Außerdem wurde auch keine Rinderzucht betrieben, so daß die japanische Küche keine Butter, Sahne und Käse kennt.

Ein grundlegender Wandel der Eßgewohnheiten hat sich nach dem zweiten Weltkrieg durchgesetzt. Inzwischen ist der westliche Einfluß besonders bei den jungen Japanern (unter 25 Jahren) stark ausgeprägt. Ein Drittel von ihnen frühstückt mit Kaffee und Brot. Die Japaner haben im Jahr 1986 durchschnittlich 2594 kcal pro Tag zu sich genommen. Ernährungswissenschaftler halten die Eßgewohnheiten der Japaner zwar immer noch für gesund, warnen aber vor dem rasch steigenden Fettkonsum.

Nachtisch in Japan

In der traditionellen japanischen Küche wird als Nachtisch keine Süßspeise serviert. Es gibt in Japan zwar Süßigkeiten, die jedoch zum Tee gegessen werden. Nach dem Essen serviert man meist Obst, das geschält und in kleine Stücke geschnitten ist. Aus diesem Grund habe ich in diesem Buch keine Süßspeisen aufgeführt.

Japanische Getränke (Sake und Umeshu – Pflaumenlikör)

Pflaumenlikör hat einen erfrischenden fruchtigen Geschmack und ist gut als Aperitif geeignet. Im Sommer wird Umeshu auf Eiswürfeln serviert. Japanischer Reiswein wird aus gedämpftem Reis, der Reishefe und Wasser gebraut. Er hat im allgemeinen 15–17% Alkohol. Wie deutscher Traubenwein hat auch Sake tausende Anbauorte, wo viele Reisweinsorten verschiedener Geschmacksrichtungen hergestellt werden. »Karakuchi« ist eine trockene und »Amakuchi« eine liebliche Sorte. Sake paßt zu allen japanischen Gerichten. Je nach Jahreszeit wird er gekühlt oder warm getrunken. Wenn man Sake warm servieren möchte, füllt man ihn in eine Reisweinkaraffe (Tokkuri) und erwärmt ihn im Wasserbad. Dann wird er aus kleinen Schälchen (Sakazuki) getrunken.

Zu japanischen Gerichten passen außer Sake auch leichter Weißwein und Rosé. Japaner trinken auch sehr gern Bier. Nach dem Essen wird grüner japanischer Tee serviert.

Japanisches Geschirr

In Japan ist das Tafelgeschirr nicht von der Suppentasse bis zum Obstteller in einem einheitlichen Muster dekoriert, sondern man kombiniert Geschirre mit verschiedenem Dekor und aus verschiedenen Materialien.

Daß die Japaner einen sehr ausgeprägten Sinn für die vier Jahreszeiten haben, spiegelt sich auch in der Auswahl des Geschirrs wider. Sie versuchen damit die jeweilige Jahreszeit auszudrücken. Zum Beispiel wird im Winter warme Keramik und Steingut, im Sommer kühles Porzellan und Glas mit passenden Mustern der jeweiligen Saison verwendet. Ich meine jedoch, daß man in Deutschland nicht unbedingt japanisches Geschirr benutzen muß. Europäisches Geschirr ohne üppige Dekoration, zum Beispiel in schlichtem Schwarz, ist sehr gut für japanisches Essen geeignet. Ich finde schlichtes Geschirr sehr vorteilhaft, weil die Speisen darauf voll zur Geltung kommen.

Einige wichtige Punkte:

● Verwechseln Sie nicht das chinesische Geschirr mit dem japanischen. Die reich verzierten Suppentassen, die meist in Asienläden verkauft werden, sind chinesisch.
● Beim Anrichten den Teller nicht randvoll machen und Salat und Reis in Haufenform anrichten.
● Die Suppe sollte auf jeden Fall in einer Suppentasse oder einem tiefen Schälchen serviert werden, damit man sie zusammen mit dem Reis trinken kann.

Menüvorschläge

Ein gut vorzubereitendes Frühlingsmenü

● Rapsblütensalat, Rezept Seite 23
● Eierstich mit Hühnerfleisch Rezept Seite 49
● Gegrillter Lachs Yuan-Art, Rezept Seite 45
● Sushi mit Gemüse und Krabben, Rezept Seite 12
● Suppe mit Shrimps und Zuckerschoten, Rezept Seite 31

Hinweise für die Zubereitung:
● Das Sushi am Vortag zubereiten (da es keinen rohen Fisch enthält, kann man es 1 Tag aufbewahren) und mit Frischhaltefolie bedeckt an einem kühlen Ort aufbewahren.

● Am nächsten Tag den Lachs marinieren (2 Stunden).
● Die Brühe für die Suppe kochen. Die Shrimps und die Zuckerschoten vorbereiten und beiseite stellen.
● Den Rapsblütensalat zubereiten und in den Kühlschrank stellen.
● Den Eierstich zubereiten und im Topf warm halten, bis er gegessen wird.
● Kurz bevor die Gäste kommen, den Lachs unter den Grill schieben.

Partybuffet im Herbst

● Chrysanthemensalat, Rezept Seite 24
● Rindfleischröllchen mit Gemüse gefüllt, Rezept Seite 51
● Tofufrikadellen mit Gemüse, Rezept Seite 34
● Sushi mit geräuchertem Lachs, Rezept Seite 21

Hinweise für die Zubereitung:
● Am Vortag die Tofufrikadellen zubereiten und in den Kühlschrank stellen.
● Am nächsten Tag den Reis für das Sushi kochen. In der Zwischenzeit die Gemüse für den Salat und die Rindfleischröllchen blanchieren.
● Den fertigen Reis mit der Essiglösung mischen, abkühlen lassen und das Sushi fertigstellen. An einem kühlen Ort ruhen lassen.
● Die Rindfleischröllchen zubereiten.
● Die Tofufrikadellen mit heißem Wasser übergießen und in der Sauce warm halten.
● Den Chrysanthemensalat fertigstellen und in eine Schüssel füllen.
● Die Rindfleischröllchen und das Sushi auf zwei großen Platten schön anrichten. Die Tofufrikadellen in einer großen Schüssel servieren.

Wichtige Zutaten der japanischen Küche

Aburaage ist eine dünne (etwa ½ cm dick), fritierte Tofuscheibe. In Deutschland ist Aburaage frisch oder tiefgefroren erhältlich.

Atsuage ist eine dicke (etwa 3 cm dick), fritierte Tofuscheibe. Atsuage gibt es nur frisch, weil sie tiefgefroren ihren Geschmack verliert.

Chikuwa wird aus weißem Fischfleisch hergestellt. Das gehackte gewürzte Fischfleisch wird dick auf einen Stock gestrichen und gegrillt. Der Stock wird später entfernt.

Harusame sind getrocknete Nudeln und werden aus Kartoffelstärke hergestellt. Harusame wird für Fondue oder Salat verwendet.

Kamaboko wird aus gehacktem Fisch hergestellt. Das Fischfleisch wird mit Salz so lange gerührt, bis es Elastizität bekommt. Dann wird es in verschiedene Formen gebracht und über Dampf gegart. Kamaboko wird als Einlage für klare Brühen oder Nudelsuppe verwendet. Gutes Kamaboko wird wie Sashimi mit grünem Meerrettich und Sojasauce gegessen.

Katsuobushi wird aus Bonito (ein Verwandter des Thunfisches) hergestellt. Der Bonito wird geräuchert, getrocknet und in feine Flocken gehobelt. Katsuobushi ist eine wichtige Zutat für japanische Brühen.

Kombu ist Seetang, der im Meer 5-6 Meter lang wird. Kombu hat einen milden Geschmack und paßt zu Fisch, Gemüse und Fondue.

Konnyaku wird aus Aronstabknollen hergestellt. Es ist eine gelatineartige Masse und hat kaum Eigengeschmack. Konnyaku wird oft mit Gemüse gekocht und hat keine Kalorien.

Mirin wird aus Reishefe, Reis und Schnaps hergestellt. Es enthält etwa 13% Alkohol und 25-30% Zucker. Mirin verleiht der Speise einen schönen Glanz und milden Geschmack, ohne in den Vordergrund zu treten. Weil Mirin in Deutschland nicht überall zu bekommen ist, empfehle ich Ihnen als Ersatz lieblichen Weißwein mit 1 Prise Zucker.

Miso ist das älteste Gewürz Japans. Früher wurde Miso zu Hause hergestellt und jede Hausfrau hatte ihr eigenes Miso-Rezept. In jeder Region Japans gibt es typische Misosorten, die je nach Anteil von Sojabohnen, Reis, Gerste, Salz und Wasser zahlreiche Varianten ergeben. Im Allgemeinen ist in Ostjapan die dunkelfarbige kräftige Sorte mit höherem Salzanteil und in Westjapan die hellfarbige süßliche Sorte beliebt. Weil jede Misosorte anders schmeckt, sollten Sie beim Kauf fragen, welche Geschmacksrichtung es hat. Wenn Sie die mit Miso gewürzten Gerichte aus diesem Buch kochen, richten Sie sich anfangs nicht nach der angegebenen Menge, sondern kosten Sie selbst.

Nori ist getrockneter Seetang. Es hat das typische Meeresaroma und ist reich an Mineralien. Weil Nori gut zu Reis paßt, wird es oft für Sushi verwendet.

Satsumaage ist eine ausgebackene Frikadelle aus Fischgehacktem. Es gibt sie frisch oder tiefgefroren zu kaufen. Satsumaage kann man auch selbst herstellen (Rezept Seite 42).

Shichimitogarashi besteht aus 7 Gewürzen: Cayennepfeffer, schwarzer Sesam, Mohn, Eschensamen, getrocknete Mandarinenschale, Hanfsamen und getrocknetes Perillablatt. Shichimito-garashi wird zum Würzen von Nudelsuppe, gegrilltem Fleisch und Fisch verwendet.

Shirataki wird wie Konnyaku aus Aronstab-knollen hergestellt. Shirataki sind gelatineartige, frische Glasnudeln. Sie haben keine Kalorien.

Soba sind Buchweizennudeln mit würzigem Geschmack. Sie werden als Nudelsuppe oder kalt mit einer Sauce gegessen. In Deutschland sind sie als getrocknete oder frische Nudeln erhältlich.

Sojasauce ist das wichtigste Gewürz der japanischen Küche. Sojasauce ist für die japanische Küche sozusagen ein Universalgewürz, 80% der Speisen werden damit gewürzt. Sie wird aus gekochten Sojabohnen, geröstetem Weizen, Salz und Quellwasser gegoren. Während des Gärungsprozesses wird das Protein der Sojabohnen in verschiedene Aminosäuren umgewandelt, die der Sauce den besonderen Geschmack und das unverwechselbare Aroma verleihen. Weil die Sojasauce für die japanische Küche eine ziemlich entscheidende Rolle spielt, sollten Sie beim Kauf darauf achten, daß Sie gute japanische Sojasauce bekommen. Kaufen Sie keine chemisch hergestellte Sojasauce, die meist billig angeboten wird. Auch die indonesische Sojasauce ist für die japanische Küche ungeeignet. Ich empfehle meinen Freunden immer die Kikkoman-Sojasauce. Diese Sojasauce hat über 350 Jahre Tradition und wird auch von der japanischen Kaiserfamilie vorzugsweise verwendet. Kikkoman-Sojasauce reift über sechs Monate und hat ein vorzügliches Aroma.

Tofu wird aus Sojabohnen hergestellt und enthält viel hochwertiges pflanzliches Eiweiß. Japaner essen dieses vegetarische Produkt schon seit dem 13. Jahrhundert. In Deutschland werden verschiedene Tofusorten mit unterschiedlichem Wasseranteil angeboten. Der harte vakuumverpackte Tofu ist geeignet zum Braten und Ausbacken. Der weiche Tofu aus der Alupakkung ist geeignet für Salatsaucen. Tofu hat einen neutralen Geschmack, daher läßt er sich auf verschiedene Arten zubereiten.

Udon sind Weizennudeln, die als Nudelsuppe oder im Fondue gegessen werden. Es gibt sie frisch und getrocknet zu kaufen.

Umeboshi ist eine eingelegte Pflaume. Sie wird in Salz eingelegt und erhält dadurch den typischen sauren Geschmack. Sie wird zu Reis gegessen oder als Würze verwendet.

Wakame ist Riemenblättertang. Dieser Seetang hat sehr zarte Blätter und schmeckt sehr gut als Salat oder als Suppeneinlage. Wakame gibt es frisch oder getrocknet. Getrocknetes Wakame wird in Wasser eingeweicht.

Wasabi ist grüner Meerrettich. Er ist scharf und unentbehrlich für Sashimisauce. Wasabi gibt es in Deutschland nur als Pulver oder in der Tube.

Grundzubereitungen

Sushireis richtig kochen

Bild Seite 37

Für Sushi wird der gegarte Reis mit Awasezu, einer Lösung aus Essig, Zucker und Salz, gemischt. Deshalb kocht man den Reis für Sushi mit 10% weniger Wasser als sonst, so daß der fertige Sushireis nicht zu weich wird.

Richtige Mengen für Sushireis:
Bei den Mengenangaben bin ich von dem kalifornischen Rundkornreis ausgegangen.

Reis	Wasser	Essig	Zucker	Salz
200 g	270 ccm	20 ccm	½ Eßl.	½ Teel.
300 g	400 ccm	30 ccm	¾ Eßl.	¾ Teel.
400 g	540 ccm	40 ccm	1 Eßl.	1 Teel.

Zutaten außer Reis und Essiglösung:
1 Stück Kombu (Seetang, siehe auch Seite 8),
etwa 10 × 5 cm groß

● Vorbereitungszeit: etwa 35 Minuten
● Garzeit: etwa 45 Minuten

So wird's gemacht: Den Reis in einem Sieb gut waschen und mindestens 30 Minuten abtropfen und ruhen lassen, bis die Reiskörner das Wasser aufgesogen haben und weiß geworden sind. • Das Wasser abmessen. Den Reis, das Wasser und das Kombustück in einen großen Topf geben und bei mittlerer Hitze langsam zum Kochen bringen. Dabei ab und zu rühren. Die Hitze soll langsam den Kern des Reiskorns erreichen, so daß das ganze Korn erhitzt wird. Wenn der Reis von Anfang an bei starker Hitze gekocht wird, bleibt meist ein harter Kern übrig. • Wenn das Wasser kocht, den Reis 2 Minuten unter ständigem Rühren stark kochen lassen. Während dieses Vorgangs entstehen zahlreiche feine Löcher zwischen den Reiskörnern, wodurch später das überflüssige Wasser verdunstet. • Den Reis dann bei schwächster Hitze zugedeckt in 15 Minuten ausquellen lassen. • Den Topf vom Herd nehmen und ein sauberes Küchentuch unter den Deckel legen. Den Reis ohne Hitzezufuhr 10 Minuten ziehen lassen. So wird die überschüssige Flüssigkeit vom Küchentuch aufgesogen. • Inzwischen für die Essiglösung in einem kleinen Topf Essig, Zucker und Salz erwärmen. Eine flache Schüssel aus Holz (Hangiri, siehe Tip) mit einem feuchten Tuch auswischen. • Den heißen Reis ohne das Kombustück in die Schüssel geben und rasch mit der Essiglösung mischen. Den Reis dabei ständig befächern, so daß er möglichst schnell auf Zimmertemperatur abkühlt und einen schönen Glanz bekommt. Wichtig beim Mischen ist, daß man den Reis mit einer schneidenden Bewegung vorsichtig mit der Essiglösung mischt und nicht verrührt, sonst werden die Reiskörner zerstoßen und matschig.

> **Mein Tip** Hangiri ist eine Schüssel aus unlackiertem Naturholz. Das Holz kann die Feuchtigkeit aufsaugen, die der heiße Reis abgibt. So wird der fertige Sushireis locker. Eine Alternative zu dieser Schüssel kann eine kleine Holzkiste oder ein Holztablett sein.

Dashi

Bild Seite 38

In der japanischen Küche wird eine leichte Brühe aus Hoshishiitake (getrocknetem Shiitakepilz), Katsuobushi (Bonitoflocken) und Kombu (Seetang) verwendet. Im Gegensatz zu einer europäischen Brühe ist die japanische fast fettfrei und darf nicht lange gekocht werden, da sonst das feine Aroma wieder verloren geht. Je nach Zusammenstellung der drei Grundzutaten erhält man eine unterschiedliche Brühe. Hoshishiitake hat ein unverwechselbares Aroma und verleiht der Brühe einen kräftigen Geschmack. Kombu ist Seetang, der im Meer 5–6 Meter lang wird. Kombu hat einen milden Geschmack und paßt gut zu Fisch, Gemüse und Fonduegerichten. Katsuobushi wird aus Bonito (einem Verwandten des Thunfisches) hergestellt. Der Bonito wird geräuchert und getrocknet, dann in feine Flocken gehobelt.

Zutaten für 1 l Kombu-Katsuobushi-Dashi:
1 Stück Kombu (Seetang), etwa 5 × 15 cm groß ·
1,1 l Wasser · 30 g Katsuobushi (Bonitoflocken)

● Zubereitungszeit: etwa 20 Minuten

So wird's gemacht: Das Kombustück mit einer Küchenschere einschneiden, damit sich das Aroma und die Geschmacksstoffe besser in der Brühe lösen können. • Von dem Wasser 100 ccm beiseite stellen und das Kombustück im restlichen Wasser bei mittlerer Hitze langsam zum Kochen bringen. Wenn das Wasser zu kochen anfängt, den Kombu herausnehmen. • Die 100 ccm Wasser dazufügen, so daß das Kochen unterbrochen wird. • Die Katsuobushi dazugeben und alles nochmal aufkochen lassen. Wenn die Brühe wieder kocht, den Topf vom Herd nehmen und warten, bis die Katsuobushi auf den Boden gesunken sind. Die Brühe durch ein Sieb gießen.

Mein Tip Es gibt auch Instantdashi, das besonders dann eine große Hilfe ist, wenn Sie nur wenig Dashi brauchen. Instantdashi gibt es als Pulver oder als konzentrierte Flüssigkeit.

Das Garen über Dampf

Diese schonende Methode ist wichtig für die japanische Küche, weil der Eigengeschmack der Zutaten dadurch sehr gut hervorgehoben wird.

Der Dampfkochtopf:
Ein Dampfkochtopf ist ein großer hoher Topf mit einem herausnehmbaren Siebeinsatz. Im Topf wird etwas Wasser zum Kochen gebracht. Dann gibt man die Zutaten in den Siebeinsatz und gart sie zugedeckt über dem Dampf. Im Dampfkochtopf werden Gemüse und Fleisch besonders zart gegart.

Garen mit einem Siebeinsatz:
Ein Siebeinsatz, der in allen Haushaltsfachgeschäften erhältlich ist, verwandelt jeden normalen Topf in einen Dampfkochtopf.

Mit einer Tasse und einem Teller kann man sich leicht selbst einen Dampfkochtopf »basteln«.

Garen ohne spezielles Gerät:
Wenn Sie weder einen Dampfkochtopf noch einen Siebeinsatz haben, »basteln« Sie selber einen Dampftopf. Man legt dazu eine Tasse umgedreht auf den Boden des Topfes. 4 cm hoch Wasser in den Topf gießen, einen Teller auf die Tasse stellen und das Wasser zum Kochen bringen.

Berühmte Sushi- und Reisgerichte

Sushi mit Gemüse und Krabben

Chirashizushi

Chirashizushi ist sozusagen Sushi nach Hausfrauenart. Es wird zu verschiedenen Familienfesten gekocht und ist sehr beliebt. Die ausführliche Anleitung für das Kochen von Sushireis finden Sie auf Seite 10.

Zutaten für 4 Portionen:
300 g Rundkornreis · 5 getrocknete Shiitakepilze · 400 ccm Wasser · 1 Stück Kombu (Seetang), etwa 10 × 5 cm groß · 1 Möhre (etwa 75 g) · 3 Stück Aburaage (fritierte dünne Tofuscheiben) · 1 Eßl. Zucker · 2 Eßl. Sojasauce · 2 Eßl. Mirin (süßer Reiswein, ersatzweise lieblicher Weißwein und 1 Prise Zucker) · 50 g Zuckerschoten · Salz · ½ Blatt Nori (Seetang) · 150 g Krabben, frisch oder tiefgefroren · 3 Eier · 1 Teel. Öl
Für die Essiglösung: 30 ccm Reisessig (ersatzweise Apfelessig) · ¾ Eßl. Zucker · ¾ Teel. Salz

● Zubereitungszeit: etwa 1½ Stunden

So wird's gemacht: Den Reis gut waschen und in einem Sieb mindestens 30 Minuten abtropfen lassen. Die Shiitakepilze in 200 ccm warmem Wasser 15 Minuten einweichen. • Den Reis mit dem Wasser und dem Kombu in einem großen Topf bei mittlerer Hitze langsam zum Kochen bringen, dabei ab und zu umrühren. Den Reis dann 2 Minuten unter ständigem Rühren stark kochen lassen und anschließend bei schwächster Hitze in 15 Minuten ausquellen lassen. Den Topfdeckel mit einem Küchentuch umwickeln und den Reis neben dem Herd weitere 10 Minuten ziehen lassen. • Inzwischen die Möhre schälen und in 3 cm lange, dünne Stifte schneiden. Die Aburaage der Länge nach halbieren und quer in 2 cm dünne Streifen schneiden. Die eingeweichten Shiitakepilze abtropfen lassen und ausdrücken, das Pilzwasser jedoch nicht wegschütten. Die Stengel abschneiden und die Pilzköpfe in dünne Streifen teilen. • In einem Topf das Pilzwasser, den Zucker, die Sojasauce und das Mirin aufkochen lassen. Die Pilze, die Möhren und die Aburaage darin bei mittlerer Hitze etwa 10 Minuten garen. • Die Zuckerschoten waschen, die Fäden und die Spitzen entfernen. Etwa 150 ccm Wasser in einem kleinen Topf mit 1 Prise Salz aufkochen lassen, die Zuckerschoten darin kurz blanchieren, abgießen und kalt abschrecken. • Das Nori mit einer Küchenschere in hauchdünne Streifen schneiden. • Die tiefgefrorenen Krabben mit heißem Wasser waschen, so daß sich die Eisschicht ablöst. Wenig Wasser zum Kochen bringen, die Krabben darin 3–4 Minuten kochen und abtropfen lassen. • Die Eier mit 1 Prise Salz gut verrühren. Eine Pfanne bei mittlerer Hitze erwärmen. Das Öl hineingeben. • So viel Ei in die Pfanne gießen, daß der Boden eben bedeckt ist. Das Omelett bei schwacher Hitze 2–3 Minuten braten, bis es zu etwa 80% gestockt ist. Das Omelett mit Hilfe von Stäbchen vorsichtig wenden und in 1–2 Minuten fertigbraten. Dieses Verfahren wiederholen, bis die Eimasse verbraucht ist. Die Omeletts abkühlen lassen und in dünne Streifen schneiden. • Für die Essiglösung den Essig, den Zucker und das Salz in einem kleinen Topf so lange erwärmen, bis der Zucker ganz aufgelöst ist. • Den heißen Reis ohne den Kombu in eine möglichst große Holzschüssel (Hangiri) geben und schnell mit der Essiglösung mischen. Dabei den Reis ständig befächern, damit er schnell abkühlt. • Wenn der Reis abgekühlt ist, die Möhren, die Pilze und die Aburaage vorsichtig untermischen. Wenn noch Garflüssigkeit der Pilzmischung übrig ist, 3–4 Eßlöffel davon über den Reis gießen. • Den Reis auf Tellern anrichten und mit dem Nori, den Krabben, den Zuckerschoten und den Omelettstreifen garnieren.

Sushi-Tasche

Inarizushi

Der fritierte Tofu (Aburaage) wird mit gewürzten Pilzen, Gemüse und Reis gefüllt. Der süßsaure Geschmack dieses Gerichtes ist in Japan auch bei Kindern sehr beliebt. Die genaue Anleitung für die Zubereitung von Sushireis finden Sie auf Seite 10.

Zutaten für 4 Portionen:
3 getrocknete Shiitakepilze · 250 g Rundkornreis · ½ dicke Möhre (etwa 50 g) · 2½ Eßl. Sojasauce · 1 Eßl. Zucker · 3½ Eßl. Sake (Reiswein, ersatzweise trockener Weißwein) · 280 ccm Wasser · 1 Stück Kombu (Seetang), etwa 5 × 10 cm groß · 4 Stück Aburaage (fritierte Tofuscheiben)
Für die Essiglösung: 25 ccm Reisessig (ersatzweise Apfelessig) · 2 Teel. Zucker · ½ Teel. Salz · einige geschälte Sesamsamen

● Zubereitungszeit: etwa 1½ Stunden

So wird's gemacht: Die Shiitakepilze in etwa 200 ccm lauwarmem Wasser 15 Minuten einweichen. • Den Reis gut waschen und in einem Sieb mindestens 30 Minuten abtropfen lassen. • In der Zwischenzeit die Möhre schälen und in etwa 3 cm lange und 3-5 mm dünne Streifen schneiden. Von den eingeweichten und abgetropften Pilzen (das Wasser nicht wegschütten) die Stengel abschneiden und die Pilzköpfe wie die Möhre in dünne Streifen schneiden. • Die Möhre und die Shiitakepilze in einem Topf mit 1½ Eßlöffeln Sojasauce, ½ Eßlöffel Zucker, 1½ Eßlöffeln Sake und etwa 50 ccm Pilzwasser einmal aufkochen lassen. Dann bei schwacher Hitze 10 Minuten garen. • Den abgetropften Reis mit dem Wasser und dem Kombustück in einem großen Topf bei mittlerer Hitze langsam zum Kochen bringen, dabei ab und zu umrühren. Den Reis dann unter ständigem Rühren 2 Minuten stark kochen lassen und anschließend bei schwächster Hitze zugedeckt 15 Minuten ausquellen lassen. Den Topfdeckel mit einem Küchentuch umwickeln und den Reis neben dem Herd weitere 10 Minuten ziehen lassen. • In der Zwischenzeit die Tofutaschen vorbereiten: Mit einer Teigrolle 2- bis 3mal über die Aburaage rollen, damit man sie leicht öffnen kann. Die Scheiben quer in der Mitte einmal teilen und jeweils vorsichtig eine Tasche einschneiden. • In einem großen Topf reichlich Wasser zum Kochen bringen. Die Tofutaschen darin 1-2 Minuten kochen, damit sie etwas Fett verlieren. Sie können dann die Brühe besser aufsaugen. • Die Tofutaschen abgießen und aufeinander wieder in den Topf legen. Mit der restlichen Sojasauce, dem restlichen Sake, dem restlichen Zucker und etwa 150 ccm Pilzwasser erhitzen und bei mittlerer Hitze etwa 10 Minuten garen. Dabei die Aburaage ab und zu umschichten, so daß sie gleichmäßig in die Brühe getaucht werden. Die Aburaage im Topf ziehen lassen, bis sie gebraucht werden. • Für die Essiglösung den Essig, den Zucker und das Salz in einem kleinen Topf erwärmen. Den heißen Reis in eine Holzschüssel geben und ohne das Kombu rasch mit der Essiglösung mischen. Dabei

Mein Tip Tofutaschen gehen leicht kaputt, füllen Sie deshalb nicht zuviel Reis hinein. Wer dieses Gericht etwas üppiger machen möchte, kann es mit Rindergehacktem zubereiten. Dazu 150 g Rindergehacktes in einem kleinen Topf mit 2 Teelöffeln Sojasauce und 2 Eßlöffeln Sake (Reiswein, ersatzweise trockener Weißwein) unter ständigem Rühren bei mittlerer Hitze garen und mit den Pilzen und der Möhre mischen.

den Reis ständig befächern, damit er schnell auf Zimmertemperatur abkühlt. • Die Möhre, die Pilze und die Sesamsamen mit dem Reis mischen. Den Reis zu 8 kleinen Bällchen formen. Die Tofutaschen vorsichtig mit den Reisbällchen füllen. Den Reis mit dem Daumen festdrücken und die Ränder der Taschen nach innen schlagen.

Kameliensushi

Tsubakizushi

Diese Sushivariation mit hauchdünnen Lachsscheiben wird in einem Mulltuch geformt. Auf echten Blättern angerichtet, sieht dieses Sushi wie Kamelienblüten aus. Ein Augen- und Gaumenschmaus für Ihre Gäste.

Zutaten für 4 Portionen:
400 g Rundkornreis · 540 ccm Wasser · 1 Stück Kombu (Seetang), etwa 5 × 10 cm groß · 1 Ei · 400 g Lachsfilet · etwa 5 g Wasabi (japanischer grüner Meerrettich)
Für die Essiglösung: 40 ccm Reisessig (ersatzweise Apfelessig) · 1 Eßl. Zucker · 1 Teel. Salz
Zum Formen: 2–3 Stück Mulltuch, etwa 20 × 20 cm groß (in der Apotheke erhältlich)
Zum Dekorieren: Kamelienblätter oder ähnliche Blätter

● Ruhezeit: etwa 30 Minuten
● Zubereitungszeit: etwa 1 Stunde

So wird's gemacht: Den Reis gut waschen und in einem Sieb mindestens 30 Minuten abtropfen lassen. • Den Reis dann mit dem Wasser und dem Kombustück in einem großen Topf bei mittlerer Hitze langsam zum Kochen bringen, dabei ab und zu umrühren. Den Reis 2 Minuten unter ständigem Rühren stark kochen lassen und anschließend bei schwächster Hitze in

15 Minuten ausquellen lassen. Den Topfdeckel mit einem Küchentuch umwickeln und den Reis neben dem Herd weitere 10 Minuten ziehen lassen. • In der Zwischenzeit das Ei hart kochen und abschrecken. Das Eiweiß entfernen und das Eigelb durch einen Teesieb passieren. Es wird später für das Blüteninnere verwendet. Den Lachs mit einer Pinzette von allen Gräten befreien und in 12 etwa 5 × 5 cm große, hauchdünne Scheiben schneiden. • Für die Essiglösung den Essig mit dem Zucker und dem Salz in einem kleinen Topf erwärmen. Den heißen Reis ohne das Kombustück in eine Holzschüssel geben und rasch mit der Essiglösung mischen. Dabei ständig befächern, damit der Reis schnell abkühlt. • Ein Stück Mulltuch in Wasser tauchen und gut auswringen. Das Tuch ausbreiten und 1 Lachsscheibe darauflegen. Mit wenig Wasabi würzen. Aus dem Reis einen kleinen Ball formen und auf den Lachs geben. Das Mulltuch vorsichtig über den Reis ziehen und zu einem kleinen Ball drehen. Auf der Lachsseite mit einem Finger eine kleine Vertiefung eindrücken und das Mulltuch entfernen. Die Vertiefung mit etwas Eigelb füllen, so daß der Sushiball wie eine Kamelienblüte aussieht. Die restlichen Bällchen ebenso formen. • Die Kamelienblätter auf einen großen Teller legen und die Kameliensushis wie Blumen darauf anrichten.

> **Mein Tip** Dieses Gericht kann sowohl als kleine Vorspeise wie auch als Reisgang zum Schluß eines Menüs mit einem Schälchen Suppe serviert werden. Wenn Sie es als Vorspeise servieren, nehmen Sie nur etwa ein Drittel der angegebenen Zutaten.
> Die genaue Anleitung für das Kochen von Sushireis finden Sie auf Seite 10.

Handgerollte Sushi

Temakizushi

Auf einem großen Teller werden allerlei Leckerbissen in mundgerechten Stücken angerichtet. Dazu serviert man Nori (Seetang) und Sushireis. Jeder Gast entscheidet selbst, welche Zutaten er in das Noriblatt einrollen möchte. Der Gastgeber kann am Tisch bleiben und die Unterhaltung genießen, da jeder Gast sich selbst bedient. Die genaue Anleitung für das Kochen von Sushireis finden Sie auf Seite 10.

Zutaten für 4 Portionen:
300 g Rundkornreis · 400 ccm Wasser · 3 Eier ·
1 Teel. Zucker · 1 Prise Salz · ½ Eßl. Öl ·
⅓ Gurke · 150 g geräucherter Lachs am Stück ·
100 g milder Käse · 150 g frischer Thunfisch ·
150 g Lachsschinken · Kopfsalat zum Dekorieren
Für die Essiglösung: 30 ccm Reisessig (ersatzweise Apfelessig) · ¾ Eßl. Zucker · ¾ Teel. Salz
7–8 Blätter Nori (Seetang)
Zum individuellen Würzen: etwas Wasabi (japanischer grüner Meerrettich) und Sojasauce

● Ruhezeit: etwa 30 Minuten
● Zubereitungszeit: etwa 1 Stunde

So wird's gemacht: Den Reis gut waschen und in einem Sieb mindestens 30 Minuten abtropfen lassen. • Den Reis dann mit dem Wasser in einem großen Topf bei mittlerer Hitze langsam zum Kochen bringen, dabei ab und zu umrühren. Den Reis 2 Minuten unter ständigem Rühren stark kochen lassen und anschließend bei schwächster Hitze in 15 Minuten ausquellen lassen. Den Topfdeckel mit einem Küchentuch umwickeln und den Reis neben dem Herd weitere 10 Minuten ziehen lassen. • Inzwischen alle anderen Zutaten vorbereiten: Die Eier mit dem Zucker und dem Salz gut verrühren. Das Öl in eine kleine Pfanne gießen, bei mittlerer Hitze erwärmen und mit Küchenpapier gleichmäßig in der Pfanne verteilen. • Die Hälfte der Eier in die Pfanne geben und mit Stäbchen umrühren. Wenn das Ei zu 80% gestockt ist, die restliche Eimasse hinzufügen, noch einmal durchrühren und die Hitze zurückschalten. Die Masse zu einem länglichen Omelett formen, vorsichtig wenden und bei schwacher Hitze fertigbraten. Das Omelett abkühlen lassen und in etwa 4 cm lange und 1½ cm dicke Streifen schneiden. • Die Gurke schälen, quer halbieren und die Kerne mit einem Löffel entfernen. Den Lachs, die Gurke, den Käse, den Thunfisch und den Lachsschinken ebenfalls in 4 cm lange und 1½ cm breite Streifen schneiden. • Die Salatblätter waschen, abtropfen lassen und auf einen großen Teller legen. Die vorbereiteten Zutaten farbenfroh darauf anrichten. • Für die Essiglösung den Essig mit dem Zucker und dem Salz in einem kleinen Topf erwärmen. Den heißen Reis in eine Holzschüssel geben und rasch mit der Essiglösung mischen. Dabei den Reis ständig befächern, damit er schnell auskühlt. • Für die Noriblätter die Kochplatte oder beim Gasherd eine Pfanne bei mittlerer Hitze erwärmen. Jedes Noriblatt pro Seite 3–4 Sekunden darauf anrösten. Diesen Vorgang zweimal wiederholen, dann die Blätter mit einer Küchenschere vierteln. • Den großen Teller mit den verschiedenen Zutaten auf den Tisch stellen. Den Sushireis, die Noriblätter und den Wasabi dazu reichen. • Jeder Gast nimmt 1 Noriblatt und häuft darauf 1 Eßlöffel Reis und Zutaten nach Wahl. Die Zutaten werden mit Wasabi gewürzt und das Noriblatt aufgerollt. Das Sushi in Sojasauce mit Wasabi tunken.

Sushi mit Zügelmuster

Tazsunazushi
Bild nebenstehend

Dieses Sushi wird in Japan Zügelsushi genannt, weil das diagonale Muster an den prunkvollen Zügel aus der Samuraizeit erinnert, der aus farbigem Seidenstoff gedreht wurde.

Zutaten für 4 Portionen (2 Sushirollen):
300 g Rundkornreis · 400 ccm Wasser · 1 Stück Kombu (Seetang), etwa 5 × 10 cm groß · 8 Blätter Wurzelspinat · Salz · 6 Shrimps · 1 Ei · 1 Teel. Öl · ½ Möhre (etwa 50 g)
Für die Essiglösung: 30 ccm Reisessig (ersatzweise Apfelessig) · ¾ Eßl. Zucker · ¾ Teel. Salz

● Ruhezeit: etwa 30 Minuten
● Zubereitungszeit: etwa 1 Stunde

So wird's gemacht: Den Reis gut waschen und in einem Sieb mindestens 30 Minuten abtropfen lassen. • Den Reis dann mit dem Wasser und dem Kombustück in einem großen Topf bei mittlerer Hitze langsam zum Kochen bringen, dabei ab und zu umrühren. Den Reis unter ständigem Rühren 2 Minuten stark kochen lassen und anschließend bei schwächster Hitze zugedeckt 15 Minuten ausquellen lassen. Den Topfdeckel mit einem Küchentuch umwickeln und den Reis neben dem Herd weitere 10 Minuten ziehen lassen. • Den Spinat putzen, waschen und in kochendem Salzwasser blanchieren. Dann abtropfen lassen. Die Shrimps aus den Schalen lösen und den Schwanz abschneiden. Den Rücken leicht einschneiden und den schwarzen Darm entfernen. Die Shrimps auf Grillspießchen stecken, damit sie gerade bleiben. Die Shrimps in kochendem Wasser etwa 3 Minuten garen, bis sie rosa werden, dann der Länge nach halbieren. • Das Ei mit 1 Prise Salz gut verrühren. Eine Pfanne bei mittlerer Hitze

heiß werden lassen. Das Öl hineingießen und gut verteilen. • Das Ei in die Pfanne gießen. Das Omelett bei schwacher Hitze 2–3 Minuten braten, bis es zu etwa 80% gestockt ist, dann mit Hilfe von Stäbchen vorsichtig wenden und in 1–2 Minuten fertigbraten. Das Omelett abkühlen lassen und in etwa 5 cm lange und 3 cm breite Stücke schneiden. • Die Möhre schälen und der Länge nach halbieren, dann ebenfalls in 5 cm lange und 3 cm breite dünne Scheiben schneiden. Die Möhre in kochendem Wasser mit 1 Prise Salz etwa 5 Minuten garen. • Den Essig mit dem Zucker und dem Salz in einem kleinen Topf erwärmen, bis der Zucker gelöst ist. Den heißen Reis ohne das Kombustück in eine Holzschüssel geben und rasch mit der Essiglösung mischen. Dabei ständig befächern, damit der Reis rasch abkühlt. • Eine Bambusmatte auf der Arbeitsfläche ausbreiten und 1 Stück Frischhaltefolie von 25 × 25 cm Größe darauflegen. Die Hälfte der Shrimps, des Omeletts, der Möhre und des Spinats farbenfroh schräg auf die Folie legen, so daß ein buntes diagonales Muster entsteht. Die Hälfte vom Reis zu einer 20 cm langen Stange formen und quer auf die Zutaten legen. • Die Bambusmatte und die Folie mit beiden Händen anheben und fest aufrollen. Zum Schluß leicht zusammendrücken. • Den restlichen Reis und die anderen Zutaten ebenso zu einer Rolle formen. • Die Sushirollen aus der Bambusmatte nehmen und in der Frischhaltefolie ruhen lassen, bis sie aufgeschnitten werden. Die Rollen mit einem scharfen Messer in je 6 Stücke schneiden.

Die klare Suppe mit Krabbenbällchen (hinten) paßt ▷ ausgezeichnet zu dem farbenfrohen Sushi mit Zügelmuster. Rezepte Seite 30 und auf dieser Seite.

Sushi mit Gemüse, Omelett und Hackfleisch

Futomakizushi
Bild nebenstehend

Zutaten für 4 Portionen:
6 getrocknete Shiitakepilze · 300 g Rundkorn-
reis · 400 ccm Wasser · 2 Eier · Salz · 1 Teel.
Öl · ½ Möhre (etwa 50 g) · gut 1 Eßl. Soja-
sauce · gut ½ Eßl. Zucker · 2 Eßl. Sake
(Reiswein, ersatzweise trockener Weißwein) ·
10 Blätter Wurzelspinat · 50 g Rindergehacktes
Für die Essiglösung: 30 ccm Reisessig (ersatzwei-
se Apfelessig) · ¾ Eßl. Zucker · ¾ Teel. Salz
2 Blätter Nori (Seetang)

● Ruhezeit: etwa 30 Minuten
● Zubereitungszeit: etwa 1 Stunde

So wird's gemacht: Die Shiitakepilze in etwa ¼ l lauwarmem Wasser einweichen. Den Reis gut waschen und in einem Sieb mindestens 30 Minuten abtropfen lassen. • Den Reis dann mit dem Wasser in einem großen Topf bei mittlerer Hitze langsam zum Kochen bringen, dabei ab und zu umrühren. Den Reis unter ständigem Rühren 2 Minuten stark kochen lassen und anschließend bei schwächster Hitze zugedeckt in 15 Minuten ausquellen lassen. Den Topfdeckel mit einem Küchentuch umwickeln und neben dem Herd weitere 10 Minuten ziehen lassen. • Inzwischen die Eier mit 1 Prise Salz gut verrühren. Eine Pfanne bei mittlerer Hitze heiß werden lassen, das Öl hineingießen. • Die Hälfte

◁ Für dieses gerollte Sushi werden eingeweichte Shiitakepilze, Omelett und gewürztes Hackfleisch als Füllung vorbereitet. Die Noriblätter röstet man kurz, bevor man den Reis und die anderen Zutaten darin einrollt, damit sie ihr Aroma besonders gut entfalten. Rezept auf dieser Seite.

der Eiflüssigkeit in die Pfanne gießen und nach 10 Sekunden gründlich durchrühren. Wenn das Ei zu 80% gestockt ist, die restliche Eiflüssigkeit in die Pfanne gießen, alles noch einmal durchrühren und die Hitze zurückschalten. Die Masse zu einem länglichen Omelett formen und bei schwacher Hitze fertiggaren. Das Omelett abkühlen lassen und in 1½ cm dicke Streifen schneiden. • Die Möhre schälen und der Länge nach halbieren, dann in bleistiftdicke Streifen schneiden. • Die Pilze abtropfen lassen, das Pilzwasser dabei auffangen. In einem kleinen Topf 100 ccm Pilzwasser, ½ Eßlöffel Sojasauce, ½ Eßlöffel Zucker und 1 Eßlöffel Sake zum Kochen bringen. Die Möhren darin bißfest garen. • Von den Shiitakepilzen die Stengel abschneiden und die Köpfe in etwa 1 cm dünne Streifen teilen. In einen kleinen Topf 100 ccm Pilzwasser, je 1 Teelöffel Sojasauce und Zucker geben und die Pilze darin 10 Minuten kochen. Die Pilze im Topf ziehen lassen. • Den Spinat putzen, waschen und in kochendem Wasser mit 1 Prise Salz kurz blanchieren. Dann abgießen und das Wasser gut ausdrücken. • Das Hackfleisch mit der restlichen Sojasauce, dem restlichen Sake und 50 ccm Pilzwasser in einem kleinen Topf gut verrühren und bei mittlerer Hitze zum Kochen bringen. Das Fleisch unter ständigem Rühren so lange kochen lassen, bis die Flüssigkeit verdunstet ist. • Für die Essiglösung den Essig mit dem Zucker und dem Salz in einem kleinen Topf erwärmen. Den heißen Reis in eine Holz-

Mein Tip Das typische Aroma von Nori entfaltet sich am besten, wenn es geröstet wird. Eine Kochplatte oder eine Pfanne bei mittlerer Hitze heiß werden lassen. Jedes Noriblatt pro Seite 3-4 Sekunden darauf rösten. Diesen Vorgang zweimal wiederholen.

schüssel füllen und rasch mit der Essiglösung mischen. Dabei ständig befächern, damit der Reis schnell abkühlt. • Die Noriblätter wie im Tip beschrieben aromatisch rösten. • Eine Bambusmatte auf der Arbeitsfläche ausbreiten und 1 Noriblatt darauflegen. Das Blatt dabei so plazieren, daß auf der körperzugewandten Seite ein 1 cm breiter Rand frei bleibt. Die Finger mit etwas Essigwasser anfeuchten. Die Hälfte vom Reis gleichmäßig auf dem Noriblatt verteilen. Die Hälfte der Füllung horizontal in die Mitte des Reises geben. Das Noriblatt mit der Bambusmatte anheben. Etwas aufrollen, bis die Füllung zugedeckt ist, dann mit beiden Händen fest zusammendrücken und weiterrollen. • Das restliche Noriblatt ebenso füllen und aufrollen. • Das fertige Sushi in 6–8 Stücke schneiden.

Reis mit kurzgebratenem Fleisch

Gyumeshi

Zutaten für 4 Portionen:
200 g Rundkornreis · 300 g mageres Rindfleisch in dünnen Scheiben · 1 Knoblauchzehe · 3 Eßl. Sojasauce · 6 Eßl. Rotwein · 280 ccm Wasser · 1 Zwiebel · 1 Eßl. Öl · 100 ccm Hühnerbrühe

● Vorbereitungs- und Marinierzeit: etwa 40 Minuten
● Garzeit: etwa 30 Minuten

So wird's gemacht: Den Reis gut waschen und in einem Sieb 30 Minuten abtropfen lassen. • Das Fleisch vom Fleischer schneiden lassen oder 1 Stunde in das Gefrierfach legen und mit einem scharfen Messer hauchdünn schneiden. Die Knoblauchzehe schälen und in dünne Scheiben schneiden. Den Knoblauch mit 2 Eßlöffeln Sojasauce und 4 Eßlöffeln Rotwein mi-

schen. Das Fleisch darin 30 Minuten marinieren. • Den Reis mit dem Wasser bei mittlerer Hitze langsam zum Kochen bringen, dabei ab und zu umrühren. Den Reis unter ständigem Rühren 2 Minuten stark kochen lassen, dann zugedeckt bei schwächster Hitze 15 Minuten ausquellen lassen. Ein Küchentuch unter den Topfdeckel legen und den Reis neben dem Herd weitere 10 Minuten ziehen lassen, damit die überschüssige Flüssigkeit aufgesogen wird. • Die Zwiebel schälen und in etwa ½ cm dünne Streifen schneiden. • Das Öl in einer Pfanne erhitzen und die Zwiebel darin 3 Minuten andünsten. Dann das Fleisch hinzufügen und bei starker Hitze etwa 2 Minuten anbraten. Mit dem restlichen Rotwein ablöschen. Die restliche Sojasauce, die Hühnerbrühe und die Marinade vom Fleisch mischen, in die Pfanne gießen und aufkochen lassen. Wenn das Fleisch gar ist, die Pfanne vom Herd nehmen und das Fleisch zugedeckt kurz ziehen lassen. • Den Reis in Suppenteller geben, das Fleisch und die Zwiebel darauflegen und mit Sauce begießen.

Reis mit Huhn und Gemüse

Takikomi Gohan

Zutaten für 4 Portionen:
300 g Rundkornreis · 4 getrocknete Shiitakepilze · 100 g Hühnerbrustfilet ohne Haut und Knochen · 4 Eßl. Sojasauce · 4 Eßl. Sake (Reiswein, ersatzweise trockener Weißwein) · ½ Möhre (etwa 50 g) · 1 Aburaage (fritierte dünne Tofuscheibe) · 1 Teel. Zucker

● Zubereitungszeit: etwa 45 Minuten

So wird's gemacht: Den Reis gut waschen und in einem Sieb abtropfen lassen. • Die Shiitakepilze in 400 ccm lauwarmem Wasser etwa 15 Minuten einweichen. • Das Hühnerbrustfilet in etwa 1 cm große Stücke schneiden und in je 1 Eßlöffel Sojasauce und Sake marinieren. • Die Möhre schälen und in 2-3 cm lange, dünne Streifen schneiden. • Die Aburaage mit heißem Wasser übergießen, damit das überschüssige Fett entfernt wird. Dann der Länge nach halbieren und schräg in dünne Streifen schneiden. • Die Shiitakepilze abtropfen lassen und das Wasser gut ausdrücken (das Wasser aufbewahren). Die Stiele abschneiden und die Pilzköpfe in etwa ½ cm breite Streifen schneiden. Das Pilzwasser mit Wasser auf insgesamt 400 ccm Flüssigkeit auffüllen. • Den Reis, die Pilze, die Aburaage und die Möhre mit dem Pilzwasser, der restlichen Sojasauce, dem restlichen Sake und dem Zucker in einen Topf geben und bei mittlerer Hitze langsam zum Kochen bringen. Den Reis unter ständigem Rühren kurz kochen lassen, dann den Deckel auflegen und den Reis bei schwacher Hitze etwa 10 Minuten quellen lassen. • Das Hühnerfleisch hinzufügen und gut mit dem Reis vermischen. Alles weitere 5 Minuten bei schwacher Hitze quellen lassen. • Wenn der Reis gar ist, den Topf vom Herd ziehen. Ein sauberes Küchentuch unter den Deckel legen, damit die überschüssige Flüssigkeit aufgesogen wird. Den Reis noch 10 Minuten ziehen lassen.

Sushi mit geräuchertem Lachs

Kunseisake no Zushi

Wenn Sie zum ersten Mal Sushi zubereiten, fangen Sie mit diesem an.

Zutaten für 4-6 Portionen:
300 g Rundkornreis · 400 ccm Wasser · 1 unbehandelte Zitrone · 1 Bund Dill · 30 ccm Reisessig *(ersatzweise Apfelessig) · ¾ Eßl. Zucker · ¾ Teel. Salz · 400 g leicht geräucherter Lachs in dünnen Scheiben*
Zum individuellen Würzen: Pro Person etwa 2 Eßl. Sojasauce und etwas Wasabi (japanischer grüner Meerrettich)

- Zubereitungszeit: etwa 1¼ Stunden
- Ruhezeit: etwa 1 Stunde

So wird's gemacht: Den Reis gut waschen und in einem Sieb mindestens 30 Minuten abtropfen lassen. • Dann den Reis mit dem Wasser in einem großen Topf bei mittlerer Hitze langsam zum Kochen bringen, dabei ab und zu umrühren. Den Reis 2 Minuten unter ständigem Rühren stark kochen lassen und anschließend bei schwächster Hitze zugedeckt 15 Minuten quellen lassen. Den Topfdeckel mit einem Küchentuch umwickeln und den Reis neben dem Herd weitere 10 Minuten ziehen lassen. • In der Zwischenzeit die Zitrone waschen und in 2-3 mm dünne Scheiben schneiden. Den Dill waschen, die Spitzen abzupfen und zusammendrücken. • Den Essig mit dem Zucker und dem Salz erwärmen. Den heißen Reis in eine Holzschüssel geben und rasch mit der Essiglösung mischen. Dabei ständig befächern, damit der Reis schnell abkühlt. • Eine beliebige Form mit Frischhaltefolie auslegen. Zunächst den Dill und die Zitrone, dann den Lachs daraufgeben. • Die Finger mit Essigwasser anfeuchten und den Reis gleichmäßig auf dem Lachs verteilen. Den Reis mit der Handfläche etwas andrücken und ein sauberes Küchentuch darauflegen. Mit einem flachen Holzbrett beschweren. • Das Sushi an einem kühlen Ort 1 Stunde ruhen lassen. • Das Sushi dann stürzen und die Folie abziehen. Das Sushi in 12 Stücke schneiden. Nach Belieben grünen Meerrettich in die Sojasauce einrühren. Das Sushi in die Sauce tunken.

Salat aus Schinken und Kopfsalat

Ham to Saladana no Salada

Zutaten für 4 Portionen:
1 roter Kopfsalat · 150 g beliebiger Schinken
6 Walnüsse · 1 Knoblauchzehe · 2 Eßl. Pflanzen-
öl · 1 Eßl. Sesamöl · 2 Eßl. Essig · 1 Eßl.
Zitronensaft · 1 Eßl. Sojasauce

● Zubereitungszeit: etwa 15 Minuten

So wird's gemacht: Den Salat in die einzelnen Blätter teilen, waschen und gut abtropfen lassen. Den Schinken in 1 cm dünne Streifen schneiden. Die Nüsse aus den Schalen lösen. ● Eine Pfanne erhitzen und die Nüsse darin bei mittlerer Hitze aromatisch rösten. Dann in ein Küchentuch geben und mit der Hand zerbrechen. ● Die Knoblauchzehe schälen, durch die Knoblauchpresse drücken und mit dem Öl, dem Essig, dem Zitronensaft und der Sojasauce mischen. ● Die abgetropften Salatblätter in mundgerechte Stücke reißen und in eine Salatschüssel geben. Den Schinken und die Nüsse daraufstreuen und mit der Sauce mischen.

Salat aus Wakame, Gurke und Kasseler

Wakame to Kyuri no Oshitashi

Zutaten für 4 Portionen:
5 g getrocknete Wakame (Riementang) ·
½ Gurke · 150 g Kasseler · 1 Eßl. Sesam-
samen · 4 Eßl. Reisessig (ersatzweise leicht
verdünnter Apfelessig) · 4 Eßl. Pflanzenöl ·
1 Teel. Zucker · 2 Teel. Sojasauce

● Zubereitungszeit: etwa 20 Minuten

So wird's gemacht: Den Wakame in etwa 200 ccm lauwarmem Wasser etwa 10 Minuten einweichen. ● In der Zwischenzeit die Gurke schälen, der Länge nach halbieren und die Kerne mit einem Löffel herausschaben. Die Gurke in 2–3 mm dünne Streifen schneiden. ● Das Kasseler halbieren und in etwa ½ cm dünne Streifen schneiden. ● Den eingeweichten Riementang abtropfen lassen und das Wasser gut ausdrücken. Den Tang mit einem Messer zweimal durchschneiden. ● Die Sesamsamen in einer trockenen Pfanne bei mittlerer Hitze aromatisch rösten. ● Den Reisessig, das Öl, den Zucker, die Sojasauce und den Sesam mischen und kurz vor dem Servieren mit der Gurke, dem Wakame und dem Kasseler mischen.

Salat aus Eisbergsalat und Omeletts

Letas to Kinshitamago no Salada

Für die Zubereitung der Kinshitamago (hauchdünne Omeletts) benötigt man etwas Fingerspitzengefühl und »asiatische Geduld«.

Zutaten für 4 Portionen:
4 Eier · Salz · 4 Eßl. Pflanzenöl · 1 mittelgroßer
Eisbergsalat · 1 Knoblauchzehe · 2 Teel.
Sesamöl · 1 Eßl. Sojasauce · 3 Eßl. Reisessig
(ersatzweise leicht verdünnter Apfelessig)

● Zubereitungszeit: etwa 45 Minuten

So wird's gemacht: Die Eier mit 1 Prise Salz gut verrühren. Eine mittelgroße Pfanne bei mittlerer Hitze erwärmen. Etwas Öl hineingeben und mit Küchenpapier verteilen, so daß die Pfanne gründlich ausgefettet ist. ● Wenn die Pfanne heiß geworden ist, so viel Ei in die Pfanne gießen, daß der Boden eben davon bedeckt ist. Die Hitze sofort reduzieren und das Omelett bei schwacher Hitze 2–3 Minuten braten. Wenn das Ei zu etwa 80% gestockt ist, die Pfanne vom Herd nehmen. Das Omelett mit Stäbchen vorsichtig vom Rand lösen, mit beiden Händen von der Pfanne abziehen und wenden. In 1–2 Minuten fertigbraten. Dieses Verfahren wiederholen, bis alle Eier verbraucht sind. Die Omeletts abkühlen lassen. • Den Eisbergsalat in die einzelnen Blätter zerteilen, waschen und abtropfen lassen. Die Salatblätter und die Omeletts in etwa ½ cm dünne Streifen schneiden. • Den Knoblauch schälen und durch die Knoblauchpresse drücken. Mit dem restlichen Pflanzenöl, dem Sesamöl, der Sojasauce und dem Essig vermischen. Kurz vor dem Servieren mit den Omelettstreifen und dem Eisbergsalat mischen.

Rapsblütensalat

Nanohana no oshitashi

Rapsblütenfelder und blühende Kirschbäume gestalten in den japanischen Dörfern die Frühlingslandschaft.

Zutaten für 4 Portionen:
350 g Rapsblüten · Salz · 2 Teel. scharfer Senf ·
1 Eßl. helles süßliches Miso · 1 Teel. Zucker ·
1 Eßl. Sake (Reiswein, ersatzweise trockener Weißwein) · 2 Eßl. Reisessig (ersatzweise leicht verdünnter Apfelessig)

● Zubereitungszeit: etwa 20 Minuten

So wird's gemacht: Die Rapsblüten putzen und waschen. Den harten Stielteil abschneiden und nur die Knospen in etwa 4–5 cm große Stücke schneiden. • Wasser mit wenig Salz zum Kochen bringen. Die Rapsblüten darin bißfest ko-

chen, kalt abschrecken und in einem Sieb abtropfen lassen. • In einem Topf den Senf, das Miso, den Zucker, den Sake und den Essig für die Sauce mischen und bei schwacher Hitze unter langsamem Rühren erwärmen, bis der Zucker gelöst ist. Die Rapsblüten mit der Sauce mischen.

> **Mein Tip** Nehmen Sie feste Rapsblütenknospen. Sobald sie zu blühen anfangen, werden sie bitter.

Salat aus Speck und Sojabohnenkeimlingen

Bacon to Moyashi no Salada

Zutaten für 4 Portionen:
4 Scheiben Frühstücksspeck · 150 g Sojabohnenkeimlinge · Salz · 2 Eßl. Reisessig (ersatzweise leicht verdünnter Apfelessig) · 2 Teel. Zucker ·
1 Eßl. Sojasauce · ½ Teel. Wasabi (japanischer grüner Meerrettich), ersatzweise deutscher Meerrettich

● Zubereitungszeit: etwa 20 Minuten

So wird's gemacht: Den Speck in etwa ½ cm dünne Streifen schneiden und in einer Pfanne bei schwacher Hitze braten, bis das Fett ausgebraten ist. Wenn die Speckstreifen knusprig sind, das Fett abgießen. • Die Sojabohnenkeimlinge waschen und in kochendem Salzwasser etwa 3 Minuten blanchieren. • Den Essig, den Zucker, die Sojasauce und den Wasabi mischen und kurz erwärmen, damit sich der Zucker auflöst. • Die Sojabohnenkeimlinge gut abtropfen lassen. Kurz vor dem Servieren den Speck, die Sojabohnenkeimlinge und die Sauce mischen.

Chrysanthemensalat

Horenso to Kiku no Oshitashi

In Japan wurde früher am 9. September das Chrysanthemenfest gefeiert. Seitdem ist die Chrysantheme das Symbol des Herbstes. Der edle Duft der Chrysantheme verleiht dem Salat einen erfrischenden Geschmack.

Zutaten für 4 Portionen:
150 g Krabben, frisch oder tiefgefroren · 3 große gelbe Chrysanthemen · 5 Eßl. Reisessig (ersatzweise leicht verdünnter Apfelessig) · Salz · 300 g Spinat · 1 Teel. Zucker · 1 Eßl. Sake (Reiswein, ersatzweise trockener Weißwein) · ½ Eßl. Sojasauce

● Zubereitungszeit: etwa 25 Minuten

So wird's gemacht: Gegebenenfalls die tiefgefrorenen Krabben mit heißem Wasser abspülen, so daß die Eisschicht gelöst wird. ● In einem kleinen Topf Wasser zum Kochen bringen und die Krabben darin garen, bis sie rosa geworden sind. Dann abtropfen lassen. ● Die Blütenblätter der Chrysanthemen ablösen und waschen. ● In einem kleinen Topf etwa 200 ccm Wasser mit 1 Eßlöffel Essig und 1 Prise Salz aufkochen lassen. Die Blütenblätter darin 10 Sekunden blanchieren und in einem Sieb abtropfen lassen. ● Den Spinat putzen, waschen und die harten Stiele abschneiden. ● In einem großen Topf reichlich Wasser mit Salz zum Kochen bringen und den Spinat darin kurz blanchieren. Das Wasser abgießen und die Blätter kalt abschrekken. ● Den restlichen Essig, den Zucker, den Sake und die Sojasauce in einem kleinen Topf erwärmen, bis sich der Zucker gelöst hat. ● Die Chrysanthemen und den Spinat gut abtropfen lassen und mit der Sauce vermischen, in vier Schälchen verteilen und mit den Krabben dekorieren.

Salat aus grünem Spargel und Huhn

Asupara to Toriniku no Salada
Bild Seite 27

Zutaten für 4 Portionen:
4 Eßl. Sojasauce · 3 Eßl. Sake (Reiswein, ersatzweise trockener Weißwein) · 100 g Hühnerbrustfilet ohne Haut und Knochen · 150 g grüner Spargel · Salz · 1 Stück unbehandelte Zitronenschale · 2 gehäufte Teel. scharfer Senf · 1 Eßl. Zitronensaft

● Marinierzeit: etwa 30 Minuten
● Zubereitungszeit: etwa 40 Minuten

So wird's gemacht: Für die Marinade je 1 Eßlöffel Sojasauce und Reiswein verrühren. Das Hühnerfleisch darin etwa 30 Minuten marinieren. ● Das Fleisch dann in einem Dampfkochtopf, einem normalen Topf mit Siebeinsatz oder einem »selbstgemachten Dampftopf« (siehe Seite 11) über dem Dampf 7–8 Minuten garen. Dann abkühlen lassen. ● Den Spargel waschen und das holzige Ende etwa 2 cm abschneiden. Den unteren Teil 2–3 cm lang schälen und die Stangen in 3 cm lange Stücke schneiden. ● Wasser mit wenig Salz zum Kochen bringen. Zuerst die härteren Stielteile des Spargels ins Wasser geben. Nach etwa 5 Minuten die Spitzen hinzufügen und alles bißfest garen. Das Wasser abgießen und den Spargel abkühlen lassen. ● Das abgekühlte Fleisch in etwa 2 cm große Stücke schneiden. Die Zitronenschale in sehr feine Streifen schneiden. ● Die restliche Sojasauce, den restlichen Sake, den Senf und den Zitronensaft verrühren. ● Den Spargel und die Hühnerbruststücke mit der Sauce vermischen. Den Salat in Schälchen verteilen und mit der Zitronenschale garnieren.

Suppen und Eintöpfe

Misosuppe mit Tofu und Wakame

Tofu to Wakame no Misoshiru

Misosuppe ist in Japan nicht nur Bestandteil des Frühstücks, sondern wird stets auch zu Reisgerichten gereicht. Dashi und Miso sind die Grundlagen dieser Suppe. Als Einlage eignet sich grundsätzlich alles, was gut schmeckt. Wir Japaner bevorzugen Tofu, verschiedene Gemüsearten und Wakame (Seetang). Fisch und dünn geschnittenes Fleisch kann ebenfalls verwendet werden. Wichtig ist, daß alle Zutaten klein geschnitten werden, so daß die Suppe nicht lange gekocht werden muß. Miso wird erst ganz zum Schluß in die Suppe gegeben und kurz aufgekocht. So geht das Aroma des Miso nicht verloren.

Zutaten für 4 Portionen:
5 g getrocknete Wakame (Riementang) · 1 Frühlingszwiebel · 150 g fester Tofu · 1 Stück Kombu (Seetang), etwa 5 × 10 cm groß · 900 ccm Wasser · 30 g Katsuobushi (Bonitoflocken) · 1½ Eßl. Miso · 1–2 Teel. Sojasauce

● Zubereitungszeit: etwa 25 Minuten

So wird's gemacht: Den Wakame in lauwarmem Wasser weich werden lassen. ● Die Frühlingszwiebel putzen, waschen und in feine Ringe schneiden. Den Tofu in etwa 2 cm große Würfel schneiden. ● Für das Dashi das Kombu mit einer Küchenschere einschneiden, damit sich das Aroma besser lösen kann. 800 ccm Wasser mit dem Kombu bei mittlerer Hitze langsam zum Kochen bringen. Das Kombu entfernen. Das restliche Wasser und die Katsuobushi untermischen und alles erneut zum Kochen bringen. Den Topf vom Herd nehmen und warten, bis die Katsuobushi auf den Boden gesunken sind.

Das Dashi durch ein Sieb gießen. ● Das Miso in einem Schälchen nach und nach mit etwas Dashi verrühren, bis eine glatte Mischung entstanden ist. Diese Mischung in das restliche Dashi geben und zum Kochen bringen. ● Den Tofu und die abgetropfte Wakame hineingeben. Sobald die Suppe wieder aufkocht, den Topf vom Herd nehmen. ● Die Misosuppe mit der Sojasauce abschmecken, in Schüsselchen füllen und mit der Frühlingszwiebel würzen.

Klare Suppe mit Tofu, Kresse und Zitrone

Tofu no Osuimono

Diese leichte Suppe paßt gut zu Sushi und anderen Reisgerichten.

Zutaten für 4 Portionen:
1 Stück Kombu (Seetang), etwa 10 × 10 cm groß · 900 ccm Wasser · 30 g Katsuobushi (Bonitoflocken) · 150 g fester Tofu · 1 Stück unbehandelte Zitronenschale · 2 Teel. Sojasauce · 1 Eßl. Sake (Reiswein, ersatzweise trockener Weißwein) · Salz · ⅓ Kästchen Gartenkresse

● Zubereitungszeit: etwa 25 Minuten

So wird's gemacht: Für das Dashi das Kombustück mit einer Küchenschere einschneiden, damit sich das Aroma besser in der Brühe lösen kann. 1 Tasse Wasser beiseite stellen und das restliche Wasser mit dem Kombu bei mittlerer Hitze langsam zum Kochen bringen. ● Das Kombustück herausnehmen und die Tasse Wasser zufügen. Die Katsuobushi unterrühren und alles noch einmal zum Kochen bringen. Den Topf vom Herd nehmen und warten, bis die Katsuobushi auf den Boden gesunken sind. Das Dashi durch ein Sieb gießen. ● Den Tofu in etwa 1½ cm große Würfel schneiden. Die Zitronenschale in sehr feine Streifen schneiden. Das Dashi noch einmal zum Kochen bringen. Dann die Hitze sofort herunterschalten und den Tofu hinzufügen. • Die Suppe mit der Sojasauce und dem Reiswein abschmecken und eventuell leicht salzen. Die Kresse abschneiden und waschen. • Die Suppe in vier Schälchen verteilen und mit der Kresse und der Zitronenschale bestreuen.

Gemüsesuppe mit Schweinefleisch

Kenchinjiru

Zutaten für 4 Portionen:
4 getrocknete Shiitakepilze · 1 Stück Kombu (Seetang), etwa 10 × 5 cm groß · 700 ccm Wasser · 10 g Katsuobushi (Bonitoflocken) · 70 g mageres Schweinefleisch · 100 g weißer Rettich · ½ Möhre (etwa 50 g) · 150 g fester Tofu · ⅓ Stange Lauch oder 1 Frühlingszwiebel · 30 g Sojabohnenkeimlinge · ½ Eßl. Öl · 1 Eßl. Sojasauce · 2 Eßl. Mirin (süßer Reiswein, ersatzweise lieblicher Weißwein und 1 Prise Zucker)

● Vorbereitungszeit: etwa 20 Minuten
● Garzeit: etwa 20 Minuten

So wird's gemacht: Die Shiitakepilze in etwa 200 ccm lauwarmem Wasser 15 Minuten einweichen. • Für das Dashi das Kombustück mit einer Küchenschere einschneiden, damit sich das Aroma besser lösen kann. Von dem Wasser etwa 1 Tasse beiseite stellen. Das restliche Wasser mit dem Kombu bei mittlerer Hitze langsam zum Kochen bringen. Das Kombustück herausnehmen und die Tasse Wasser zufügen. Die Katsuobushi unterrühren und alles noch einmal zum Kochen bringen. Den Topf vom Herd nehmen

und warten, bis die Katsuobushi auf den Boden gesunken sind. Das Dashi durch ein Sieb gießen. • Das Schweinefleisch in etwa 2 cm große Würfel schneiden. Den Rettich und die Möhre schälen und ebenfalls in 2 cm große Würfel schneiden. Den Tofu ebenso würfeln. • Die eingeweichten Shiitakepilze aus dem Wasser nehmen (das Wasser nicht wegschütten). Die Stiele abschneiden und die Pilze in etwa 2 cm große Quadrate schneiden. Den Lauch waschen, der Länge nach halbieren und in etwa 2 cm lange Stücke schneiden. Die Sojabohnenkeimlinge waschen und abtropfen lassen. • Das Öl in einem großen Topf erhitzen. Das Schweinefleisch darin bei starker Hitze anbraten. Die Möhre und den Lauch hinzufügen und unter ständigem Rühren 2–3 Minuten andünsten. • Das Dashi mit dem Pilzwasser mischen, so daß es etwa 800 ccm Flüssigkeit ergibt. Dann in den Topf gießen. Den Rettich und die Pilze hinzufügen und die Brühe bei starker Hitze zum Kochen bringen. • Die Brühe dann bei schwacher Hitze köcheln lassen, bis alle Zutaten gar sind. Während der letzten 3 Minuten die Sojabohnenkeimlinge mitgaren. Den Tofu hinzufügen und die Suppe mit der Sojasauce und dem Mirin abschmecken.

Dieser Salat aus grünem Spargel und Huhn erhält sein ▷ besonderes Aroma durch eine Marinade aus Sojasauce und Sake (Reiswein). Rezept Seite 24.

Buchweizennudelsuppe mit Kamaboko

Gomokusoba
Bild nebenstehend

Zutaten für 4 Portionen:
1 Stück Kombu (Seetang), etwa 5 × 10 cm groß ·
1,1 l Wasser · 30 g Katsuobushi (Bonitoflocken) ·
6 Eßl. Sojasauce · 3 Eßl. Mirin (süßer Reiswein,
ersatzweise lieblicher Weißwein und 1 Prise
Zucker) · 2 Eier · 5 g Wakame (Riementang) ·
30 g Blattspinat · ½ Möhre (etwa 30 g) ·
½ Kamaboko (Fischpastete, siehe Seite 8) ·
1 Frühlingszwiebel · 450 g Buchweizennudeln
(Soba) · etwas Shichimitogarashi (japanische
Gewürzmischung aus 7 Zutaten)

● Zubereitungszeit: etwa 1 Stunde

So wird's gemacht: Für das Dashi das Kombustück mit einer Küchenschere einschneiden, damit sich die Aromastoffe besser im Wasser lösen
können. 1 Tasse Wasser beiseite stellen. Den
Kombu entfernen. Die Tasse Wasser in den
Topf gießen, um das Kochen zu unterbrechen.
Die Katsuobushi hinzufügen und noch einmal
aufkochen lassen. Den Topf vom Herd nehmen.
Wenn die Katsuobushi auf den Boden gesunken
sind, das Dashi durch ein Sieb gießen und mit
der Sojasauce und dem Mirin würzen. ● Die Eier hart kochen, schälen und halbieren. Den Wa-

kame in lauwarmem Wasser etwa 10 Minuten
einweichen. Den Spinat putzen, waschen und in
kochendem Wasser kurz blanchieren. Dann abtropfen lassen. Die Möhre schälen und in dünne Scheiben schneiden, dann in kochendem
Wasser bißfest garen. Das Kamaboko in etwa
1 cm dicke Scheiben schneiden. ● Von dem eingeweichten Wakame das Wasser gut auswringen
und einmal durchschneiden. Die Frühlingszwiebel putzen und in feine Ringe schneiden. ● In
einem großen Topf reichlich Wasser zum Kochen bringen. Die Buchweizennudeln darin so
lange kochen, daß sie noch Biß haben. Dann
abgießen und in einem Sieb unter heißem Wasser abspülen, bis das Wasser klar wird. ● Die
Brühe wieder heiß werden lassen. ● Die Nudeln
in vier tiefe Schüsselchen verteilen. Die Eier,
den Wakame, die Möhre, den Spinat und das
Kamaboko farbenfroh darauf dekorieren. Dann
mit der Brühe auffüllen. Zum individuellen
Würzen die Frühlingszwiebel und Shichimitogarashi dazu reichen.

Klare Suppe mit Eierblumen und Spinat

Kakitamajiru

Zutaten für 4 Portionen:
50 g Spinat · Salz · 1 Stück Kombu (Seetang),
etwa 10 × 10 cm groß · 900 ccm Wasser ·
30 g Katsuobushi (Bonitoflocken) · 2 Teel. Soja-
sauce · 1 Eßl. Sake (Reiswein, ersatzweise
trockener Weißwein) · 1 Ei

● Zubereitungszeit: etwa 35 Minuten

So wird's gemacht: Den Spinat putzen und waschen. Reichlich Wasser mit 1 Prise Salz zum
Kochen bringen, den Spinat darin kurz blanchieren, abgießen und kalt abschrecken. Dann

◁ Die Buchweizennudelsuppe mit Kamaboko, einer
Fischpastete, ist in Japan ein beliebtes Mittagessen.
Rezept auf dieser Seite.

abtropfen lassen und halbieren. • Für das Dashi das Kombustück mit einer Küchenschere einschneiden, damit sich das Aroma besser lösen kann. Das Kombu mit 800 ccm Wasser bei mittlerer Hitze langsam zum Kochen bringen. Das Kombustück entfernen. Das restliche Wasser und die Katsuobushi dazugeben und alles erneut zum Kochen bringen. Den Topf vom Herd nehmen und warten, bis die Katsuobushi auf den Boden gesunken sind. Dann das Dashi durch ein Sieb gießen und mit der Sojasauce und dem Reiswein würzen. • Das Ei gut verrühren. • Die Brühe erneut aufkochen lassen. Die Brühe mit Stäbchen rühren, so daß im Topf ein Kreisstrom entsteht. Die Eiflüssigkeit hineingießen, dabei ständig im Kreis rühren. • Wenn alle Eiflüssigkeit im Topf ist, die Brühe vom Herd nehmen und das Ei darin gar ziehen lassen. Den Spinat untermischen und erwärmen.

Klare Suppe mit Krabbenbällchen

Ebishinjo no Osumashi
Bild Seite 17 hinten

Zutaten für 4 Portionen:
100 g Krabben, frisch oder tiefgefroren ·
150 g beliebiges Fischfilet, frisch oder
tiefgefroren · 1 Stück Kombu (Seetang), etwa
10 × 10 cm groß · 900 ccm Wasser · 30 g Katsuo-
bushi (Bonitoflocken) · etwa 1 cm vom dicken
Ende 1 Möhre · 4 Zuckerschoten oder grüne
Bohnen · Salz · 1 Stück unbehandelte
Zitronenschale · 1 Eßl. Kartoffelstärke ·
1 Eßl. Sake (Reiswein, ersatzweise trockener
Weißwein) · 1 Eiweiß · 1 Teel. Mirin (süßer Reis-
wein, ersatzweise lieblicher Weißwein und
1 Prise Zucker) · ½ Eßl. Sojasauce

● Zubereitungszeit: etwa 1¼ Stunden

So wird's gemacht: Gegebenenfalls die Krabben und das Fischfilet auftauen lassen. • Das Kombustück mit einer Küchenschere einschneiden. 800 ccm Wasser mit dem Kombu bei mittlerer Hitze zum Kochen bringen. Das Kombu entfernen. Das restliche Wasser und die Katsuobushi untermischen und alles erneut zum Kochen bringen. Den Topf vom Herd ziehen und warten, bis die Katsuobushi auf den Boden gesunken sind. Das Dashi durch ein Sieb gießen. • Von den Krabben gegebenenfalls den schwarzen Darm mit einem Zahnstocher entfernen. Die Möhre schälen und in 4 hauchdünne Scheiben schneiden. Dann mit einer kleinen Plätzchenform ausstechen. Die Zuckerschoten waschen und putzen. • In einem kleinen Topf etwas Wasser mit 1 Prise Salz zum Kochen bringen. Die Möhre und die Zuckerschoten darin kurz blanchieren, abgießen und kalt abschrekken. • Die Zitronenschale in sehr feine Streifen schneiden. Die Möhre, die Zuckerschoten und die Zitronenstreifen zum Dekorieren beiseite legen. • Die Krabben mit einem Messer grob hakken. Die Hälfte der Krabben und das Fischfilet im Mixer pürieren. Die Kartoffelstärke mit dem Reiswein verrühren. Das Fischpüree mit dem Eiweiß, der Kartoffelstärke, dem Mirin und etwas Salz verrühren. Die Masse zu 4 Bällchen formen. • In einem großen Topf Wasser zum Kochen bringen. Die Krabbenbällchen einzeln in eine Schöpfkelle legen und kurz ins kochende Wasser tauchen, bis die Oberfläche gar wird. Dann sofort aus dem Wasser nehmen. • In einem Dampfkochtopf (siehe Seite 11) etwa 4 cm hoch Wasser zum Kochen bringen. Die Krabbenbällchen über Dampf 7–8 Minuten garen. • Inzwischen das Dashi wieder heiß werden lassen und mit der Sojasauce und Salz abschmekken. • Die Krabbenbällchen in vier Schälchen verteilen. Die Möhre, die Zuckerschoten, die Zitronenstreifen und die restlichen Krabben darauf anrichten und mit der heißen Suppe auffüllen.

Eintopf mit Atsuage und Satsumaage

Oden

Zutaten für 6–8 Portionen:
4 getrocknete Shiitakepilze · 4 Eier · 3 dicke
Möhren · 3 große Kartoffeln · 400 g Rettich ·
1 Atsuage (dicke fritierte Tofuscheibe) ·
4 Satsumaage (ausgebackene Fischfrikadellen),
fertig gekauft oder nach dem Rezept auf
Seite 42 zubereitet · 2 Chikuwa (gegrillte
Fischpasteten) · 2 Teel. Öl · 2 Hühnerschenkel ·
700 ccm Dashi, Rezept Seite 10 · 3 Eßl. Sake
(Reiswein, ersatzweise trockener Weißwein) ·
2 Eßl. Sojasauce · Salz · 1 Eßl. Zucker ·
scharfer Senf

- Vorbereitungszeit: etwa 40 Minuten
- Garzeit: etwa 30 Minuten
- Ruhezeit: mindestens 2–3 Stunden

So wird's gemacht: Die Shiitakepilze in etwa
200 ccm lauwarmem Wasser 15 Minuten einweichen. • Die Eier hart kochen und schälen. Die
Möhren, die Kartoffeln und den Rettich schälen, dann in etwa 5 cm lange und 3 cm dicke
Stücke schneiden. Die Atsuage in etwa 3 cm
große Würfel schneiden. Die Satsumaage und
die Chikuwa halbieren. • Die Shiitakepilze abtropfen lassen und das Wasser ausdrücken (das
Pilzwasser nicht wegschütten). Die Stengel abschneiden und die Pilzköpfe halbieren. • In einem großen Topf das Öl erhitzen und die Hühnerschenkel darin rundherum anbraten. • Das
Dashi und das Pilzwasser in den Topf gießen.
Die Möhren und den Rettich darin bei mittlerer
Hitze 5 Minuten kochen. Die Kartoffeln hinzufügen und alles weiterkochen, bis sie gar geworden sind. • Die Atsuage, die Eier, die Satsuaage
und die Chikuwa hinzufügen. • Den Eintopf
mit dem Reiswein, der Sojasauce, Salz und dem
Zucker abschmecken und vor dem Servieren
mindestens 2–3 Stunden ziehen lassen. Den
Eintopf wieder erwärmen und mit scharfem
Senf servieren.

Suppe mit Shrimps und Zuckerschoten

Ebi to Kinusaya no Osumashi

Zutaten für 4 Portionen:
4 mittelgroße Shrimps · Salz · 8 Zuckerschoten ·
1 Stück Kombu (Seetang), etwa 10 × 10 cm
groß · 900 ccm Wasser · 30 g Katsuobushi
(Bonitoflocken) · 2 Teel. Sojasauce · 1 Eßl. Mirin
(süßer Reiswein, ersatzweise lieblicher Weißwein
und 1 Prise Zucker)

- Zubereitungszeit: etwa 30 Minuten

So wird's gemacht: Die Shrimps schälen, aber
den Schwanzteil daranlassen. Die Shrimps am
Rücken leicht einschneiden und den schwarzen
Darm entfernen. Die Shrimps in wenig kochendem Salzwasser garen, bis sie rosa sind, dann
abtropfen lassen. Die Zuckerschoten waschen,
putzen und ebenfalls in Salzwasser bißfest kochen. Abgießen und kalt abschrecken. • Das
Kombu mit einer Küchenschere einschneiden,
dann mit 800 ccm Wasser langsam zum Kochen
bringen. Das Kombu entfernen. Das restliche
Wasser und die Katsuobushi untermischen und
alles erneut zum Kochen bringen. Den Topf
vom Herd nehmen und warten, bis die Katsuobushi auf den Boden gesunken sind. Das Dashi
durch ein Sieb gießen und mit der Sojasauce
und dem Mirin würzen. Eventuell leicht salzen. • Die Shrimps und die Zuckerschoten in
vier Suppentassen verteilen und mit der heißen
Brühe auffüllen.

Gekochter Kürbis

Kabocha no Nimono

Zutaten für 4 Portionen:
600 g Eierkürbis · 400 ccm Dashi (Rezept Seite 10), ersatzweise Fleischbrühe · 1 Eßl. Zucker · 2 Eßl. Mirin (süßer Reiswein, ersatzweise lieblicher Weißwein und 1 Prise Zucker) · 2 Eßl. Sojasauce

- Vorbereitungszeit: etwa 15 Minuten
- Garzeit: etwa 25 Minuten
- Ruhezeit: 2 Stunden

So wird's gemacht: Den Kürbis gründlich waschen und halbieren. Die Kerne mit einem Löffel herausschaben und den Kürbis in 3-4 cm große Würfel schneiden. Die Schale teilweise abschneiden (siehe Zeichnung). So kann der

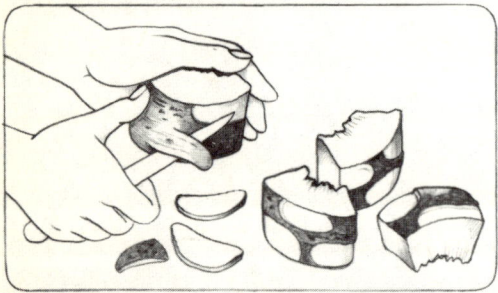

Die Kürbisstücke werden nach dem Waschen nur teilweise geschält, damit sie besser zusammenhalten.

Kürbis die Brühe besser aufnehmen, und die Stücke werden gleichzeitig vor dem Zusammenfallen geschützt. • Die Kürbisstücke mit der Schalenseite nach unten in einen großen Topf legen, in dem alle Stücke nebeneinander Platz haben. Das Dashi oder die Fleischbrühe dazugießen und zum Kochen bringen. Den Kürbis bei mittlerer Hitze 10 Minuten garen, bis er

weich ist. • Dann den Zucker, das Mirin und die Sojasauce hinzufügen und alles weitere 10 Minuten garen. • Den Kürbis vom Herd nehmen und im Topf 2 Stunden ziehen lassen.

Gemüse mit Huhn, Pilzen und Konnyaku

Tori no Yasai no Umani

Dieses Gericht ist ein typisches Beispiel aus »Großmutters Küche« in Japan. Alle Zutaten werden nur grob geschnitten und in einem Topf zusammen gekocht. Dieses Gericht paßt gut zu etwas rustikaleren Speisen wie zum Beispiel Reis mit kurzgebratenem Fleisch (Gyumeshi, Rezept Seite 20).

Zutaten für 4 Portionen:
4 getrocknete Shiitakepilze · 1 dicke Möhre (etwa 150 g) · 2 große Kartoffeln · ½ Block Konnyaku (siehe Seite 8) · 1 Atsuage (dicke fritierte Tofuscheibe) · 2 Teel. Öl · 2 Hühnerschenkel · Salz · 2 Teel. Zucker · 1½ Eßl. Sojasauce · 2 Eßl. Mirin (süßer Reiswein, ersatzweise lieblicher Weißwein und 1 Prise Zucker)

- Vorbereitungszeit: etwa 25 Minuten
- Garzeit: etwa 30 Minuten

So wird's gemacht: Die Shiitakepilze in etwa 200 ccm lauwarmem Wasser etwa 15 Minuten einweichen. • Die Möhre schälen und in 3-4 cm große Stücke schneiden. Die Kartoffeln ebenfalls schälen und jeweils in 4 Stücke schneiden. Das Konnyaku und die Atsuage in etwa 3 cm große Würfel teilen. • Die Pilze aus dem Wasser nehmen (das Wasser nicht wegschütten), die Stengel abschneiden und die Pilzköpfe halbieren. • Das Öl in einem großen Topf erhitzen und die Hühnerschenkel darin rundherum anbraten. • Das Pilzwasser mit Wasser auf 400 ccm Flüssigkeit auffüllen und in den Topf gießen. Salz unterrühren. • Die Möhre, die Kartoffeln, die Pilze, das Konnyaku und die Atsuage hinzufügen und alles bei mittlerer Hitze etwa 5 Minuten kochen, bis das Gemüse fast gar geworden ist. • Dann den Zucker, die Sojasauce und das Mirin untermischen und alles weitere 15 Minuten zugedeckt kochen.

Mein Tip Dieses Gericht schmeckt besonders gut, wenn man es vor dem Servieren noch 3–4 Stunden im Topf ziehen läßt.

Grüne Bohnen mit Sesam-Miso-Dressing

Sayaingen no Gomamisoae
Bild Umschlag Vorderseite hinten

Zutaten für 4 Portionen:
200 g grüne Bohnen · 1 Prise Salz · 2 Eßl. Sesamsamen · 2 Eßl. Sake (Reiswein, ersatzweise trockener Weißwein) · 3 Eßl. helles, süßliches Miso (siehe Seite 8) · je nach Salzgehalt des Miso etwas Zucker

● Zubereitungszeit: etwa 15 Minuten

So wird's gemacht: Die Bohnen waschen, putzen und in 4–5 cm lange Stücke schneiden. • Reichlich Wasser mit dem Salz zum Kochen bringen. Die Bohnen darin bißfest garen, dann das Wasser abgießen und die Bohnen abtropfen lassen. • Die Sesamsamen in einer trockenen Pfanne bei mittlerer Hitze aromatisch rösten und anschließend im Mörser grob zerstoßen.

Dadurch entfaltet sich ihr Aroma am besten. • Die Hälfte des Reisweins mit dem Miso verrühren, bis eine glatte Flüssigkeit entsteht. Die Sesamsamen und den restlichen Sake hinzufügen. Die Sauce abschmecken und nach Belieben etwas Zucker untermischen. • Die abgekühlten Bohnen in Schüsselchen verteilen und die Sauce darübergießen.

Gekochte Kartoffeln mit Rindfleisch

Nikujaga

Zutaten für 4 Portionen:
500 g mittelgroße Kartoffeln · 1 Eßl. Öl · 250 g Rindergehacktes · 100 ccm Wasser · 70 ccm Sake (Reiswein, ersatzweise trockener Weißwein) · 2 Teel. Zucker · 2 Eßl. Sojasauce · 15 g frische Ingwerwurzel

● Vorbereitungszeit: etwa 15 Minuten
● Garzeit: etwa 25 Minuten

So wird's gemacht: Die Kartoffeln schälen, waschen und in 2–3 Stücke schneiden. • Das Öl in einem großen Topf erhitzen und das Hackfleisch darin unter ständigem Rühren etwa 2 Minuten anbraten. Das Wasser und den Sake dazugießen, den Zucker unterrühren. Dann die Kartoffeln in den Topf geben und alles zugedeckt bei mittlerer Hitze etwa 10 Minuten kochen. • Erst wenn die Kartoffeln halbweich geworden sind, mit der Sojasauce würzen und bei schwacher Hitze zugedeckt weitere 10 Minuten garen. • Den Ingwer schälen und in 2 mm feine Streifen schneiden. Den Ingwer während der letzten 5 Minuten in den Topf geben und mitgaren.

Tofuspezialitäten

Tofufrikadellen mit Gemüse

Hiryozu

Dieses rein vegetarische Gericht stammt aus japanischen Zen-Klöstern, wo streng auf den Fleischverzehr verzichtet wird.

Zutaten für 4 Portionen:
4 getrocknete Shiitakepilze · 50 g grüne Bohnen · Salz · ½ Möhre (etwa 50 g) · 1 Teel. Öl · ½ Eßl. Sojasauce · ½ Eßl. Mirin (süßer Reiswein, ersatzweise lieblicher Weißwein und 1 Prise Zucker) · 600 g fester Tofu · 1 Ei · 2 Eßl. Kartoffelstärke · 400 ccm Pflanzenfett zum Ausbacken
Für die Sauce: 1 Eßl. Sojasauce · 1 Eßl. Sake (Reiswein, ersatzweise trockener Weißwein) · ½ Eßl. Kartoffelstärke · 2 Eßl. Senf

● Zubereitungszeit: etwa 45 Minuten

So wird's gemacht: Die Shiitakepilze in etwa 100 ccm lauwarmem Wasser 15 Minuten einweichen. ● Die grünen Bohnen waschen, putzen und in kochendem Wasser mit 1 Prise Salz biß-fest kochen. Dann abtropfen lassen und schräg in 1 cm große Stücke schneiden. ● Die Möhre schälen und in etwa 1 cm lange, feine Streifen schneiden. Die eingeweichten Shiitakepilze ab-tropfen lassen (das Wasser nicht wegschütten). Die Stiele abschneiden und die Pilzköpfe in fei-ne Streifen schneiden. Längere Streifen noch einmal halbieren. ● Das Öl in einer Pfanne er-hitzen und die Möhre darin unter Rühren an-braten. Wenn die Möhre halb gar ist, die Boh-nen und die Pilze hinzufügen und mit der Sojasauce und dem Mirin würzen. Dann etwas abkühlen lassen. ● Den Tofu mit einer Gabel zerdrücken. In einer großen Schüssel den Tofu, die Möhre, die Bohnen, die Pilze, das Ei und die Kartoffelstärke gut vermischen. ● Das Pflan-zenfett in einem hohen Topf auf 160° erhitzen. ● Die Tofumasse zu kleinen Frikadellen formen und diese in dem heißen Fett goldbraun ausbak-ken. Die gebackenen Frikadellen auf Küchen-papier gut abtropfen lassen. ● Reichlich Wasser zum Kochen bringen und über die Frikadellen gießen, damit das überschüssige Fett abgewa-schen wird. ● Das Pilzwasser mit Wasser auf knapp 200 ccm Flüssigkeit auffüllen und mit der Sojasauce und dem Sake aufkochen lassen. Die Kartoffelstärke mit etwas Wasser anrühren und in die Sauce mischen. Einmal aufkochen lassen. ● Die Frikadellen in Schüsselchen legen und mit der Sauce übergießen. Mit dem Senf würzen.

Kurzgebratener Tofu mit Krabben und Broccoli

Tofu, Ebi to Brokkoli no Itamemono

Zutaten für 4 Portionen:
150 g Krabben, frisch oder tiefgefroren · 150 g Broccoli · Salz · 300 g fester Tofu · 10 g frische Ingwerwurzel · 2 Eßl. Öl · 1 Eßl. Sojasauce · 1 Eßl. trockener Weißwein · 2 Teel. Kartoffelstärke · 50 ccm Wasser

● Zubereitungszeit: etwa 30 Minuten

So wird's gemacht: Gegebenenfalls die tiefge-frorenen Krabben mit heißem Wasser abspülen, damit die Eisschicht abgelöst wird. ● Von dem Broccoli etwa ½ cm des harten Endes abschnei-den. Den Broccoli waschen und die Stiele in 3 cm lange und 1 cm dicke Streifen schneiden. Die Boccoliröschen in 2–3 cm große Stücke schneiden. ● In einem Topf reichlich Wasser mit Salz zum Kochen bringen. Zuerst nur die Broc-colistiele in den Topf geben und etwa 3 Minuten kochen. Dann die Röschen dazugeben und alles bißfest garen. Den Broccoli abgießen und ab-tropfen lassen. • Den Tofu in etwa 2 cm große Würfel schneiden. Den Ingwer schälen und fein reiben. • Das Öl in einer großen Pfanne heiß werden lassen. Die abgetropften Krabben und den Ingwer kurz darin anbraten. Die Tofuwürfel und den Broccoli hinzufügen und bei starker Hitze ebenfalls anbraten. Die Tofumischung mit der Sojasauce und dem Weißwein würzen. • Die Kartoffelstärke mit dem Wasser verrühren und in die Pfanne gießen. Alles unter ständigem Rühren noch einmal aufkochen lassen.

Glücksbeutel (Gefüllte Aburaage)

Fukubukuro

Der fritierte Tofu wird mit verschiedenen Zuta-ten gefüllt. Weil man nicht weiß, was in den Ta-schen versteckt ist, heißen sie Glücksbeutel.

Zutaten für 4 Portionen:
3 getrocknete Shiitakepilze · 4 Aburaage (dünne fritierte Tofuscheiben), frisch oder tiefgefroren · 100 g Möhren · 1 kleine Kartoffel · 100 g Hüh-nerbrustfilet ohne Haut und Knochen · 8 Zahnstocher · 300 ccm Dashi (Rezept Seite 10), ersatzweise Hühnerbrühe · 4 Teel. Sojasauce · 2 Eßl. Sake (Reiswein, ersatzweise trockener Weißwein) · 2 Teel. Zucker

● Zubereitungszeit: etwa 30 Minuten
● Ruhezeit: mindestens 2 Stunden

So wird's gemacht: Die Shiitakepilze in etwa 200 ccm lauwarmem Wasser 15 Minuten einwei-chen. • Die Aburaage an der längeren Seite hal-bieren und in jedes Stück vorsichtig eine Tasche einschneiden. • In einem Topf reichlich Wasser zum Kochen bringen und die Aburaage darin

1-2 Minuten kochen, damit das überschüssige Fett abgewaschen wird. • Die Möhre schälen und in 3-4 cm lange und 7-8 mm dünne Strei-fen schneiden. Die Pilze abgießen und das Was-ser gut auswringen. Die Stengel abschneiden und die Pilzköpfe wie die Möhren in Streifen schneiden. Die Kartoffel schälen, waschen und in 1 cm große Würfel schneiden. Das Hühner-fleisch ebenfalls in 1 cm große Würfel teilen. • Die Pilze, die Möhre, die Kartoffel und das Hühnerfleisch in die Aburaage füllen und die Öffnungen vorsichtig mit den Zahnstochern zu-sammenstecken. • Die Aburaagetaschen in ei-nen großen Topf stellen und mit dem Dashi oder der Hühnerbrühe übergießen. Mit der So-jasauce, dem Sake und dem Zucker würzen. • Die Glücksbeutel bei mittlerer Hitze zugedeckt etwa 15 Minuten garen, dann mindestens 2 Stunden in der Brühe ziehen lassen.

Tofusteak mit Gemüse und Krabben

Tofu no Ankake

Zutaten für 4 Portionen:
2 getrocknete Shiitakepilze · 300 g fester Tofu · ½ Möhre (etwa 50 g) · 8 Zuckerschoten · Salz · 100 g tiefgefrorene Krabben · 1 Knoblauchzehe · 2 Eßl. Pflanzenöl · 4 Teel. Sojasauce · 3 Eßl. Sake (Reiswein, ersatzweise trockener Weißwein) · ½ Teel. Zucker · ½ Eßl. Speisestärke

● Zubereitungszeit: etwa 40 Minuten

So wird's gemacht: Die Shiitakepilze in etwa 100 ccm lauwarmem Wasser 15 Minuten einwei-chen. • Den Tofu in 8 dünne Scheiben schnei-den. Die Möhre schälen und in feine Streifen schneiden. • Die Zuckerschoten waschen, put-zen und in kochendem Wasser mit Salz blanchieren, bis sie bißfest sind. Dann abtropfen lassen. • Die eingeweichten Shiitakepilze abtropfen lassen (das Einweichwasser nicht wegschütten). Die Stiele der Pilze abschneiden und die Pilzköpfe in feine Streifen schneiden. • Die Krabben mit heißem Wasser abspülen und abtropfen lassen. Die Knoblauchzehe schälen und in dünne Scheibchen schneiden. • Die Hälfte des Öls in einer Pfanne erhitzen. Den Knoblauch in die Pfanne geben und bei schwacher Hitze langsam anrösten, so daß sein Aroma in das Öl übergeht. Den Knoblauch aus der Pfanne nehmen, sobald er hellbraun ist. • Die Hitze etwas erhöhen. Die Krabben und die Möhre in die Pfanne geben und in dem Knoblauchöl anbraten. Nach etwa 3 Minuten die Pilze hinzufügen. Mit der Sojasauce, dem Sake und dem Zucker würzen. • Das Pilzwasser mit Wasser auf 150 ccm Flüssigkeit auffüllen, mit der Speisestärke verrühren und in die Pfanne gießen. Alles unter ständigem Rühren weiterkochen, bis die Sauce sämig geworden ist. Die Sauce warm stellen. • Das restliche Öl in einer anderen Pfanne erhitzen und die Tofuscheiben darin goldgelb anbraten. Die Scheiben nach 2 Minuten vorsichtig wenden, dann auf der anderen Seite ebenfalls goldgelb braten. • Die heißen Tofuscheiben auf einen großen Teller legen, die Sauce darübergießen und das Gericht mit den Zuckerschoten garnieren.

Gekühlter Tofu mit verschiedenen Würzen

Hiyashidofu
Bild Seite 48, hinten

Zutaten für 4 Portionen:
450 g fester Tofu · 15 g frische Ingwerwurzel ·
1 Frühlingszwiebel · 1 Stück Nori (Seetang), etwa
5 × 20 cm groß · 2 Eßl. Sesamsamen

Für die Umeboshipaste: 7 große Umeboshi (eingelegte Salzpflaumen) · 1 Eßl. Weißwein · 1 Teel. Sojasauce
Zum individuellen Würzen: etwa 150 ccm Sojasauce

● Zubereitungszeit: etwa 30 Minuten

So wird's gemacht: Den Tofu in den Kühlschrank stellen. • Den Ingwer schälen und fein reiben. Die Frühlingszwiebel putzen, waschen und in feine Ringe schneiden. • Zum Rösten des Noriblattes eine Kochplatte oder eine Pfanne bei mittlerer Hitze erwärmen. Das Noriblatt pro Seite 3–4 Sekunden darauf rösten, damit sich sein Aroma gut entfaltet. Diesen Vorgang zweimal wiederholen und das Noriblatt mit der Küchenschere in feine Streifen schneiden. • Die Sesamsamen in einer trockenen Pfanne bei mittlerer Hitze aromatisch rösten. • Von den Umeboshi das Fruchtfleisch abschaben und mit dem Messer fein hacken. Dann mit dem Weißwein und der Sojasauce verrühren. • Den Ingwer, die Zwiebelringe, die Noristreifen, die Sesamsamen und die Umeboshipaste getrennt in fünf kleinen Schälchen anrichten. • Den gekühlten Tofu in 16 Würfel schneiden und in eine Glasschüssel geben. • Zum individuellen Würzen die Sojasauce in vier kleine Glasschüsselchen verteilen. Jeder Gast mischt die Gewürze seiner Wahl unter die Sojasauce und taucht die Tofuwürfel hinein.

Für Sushi läßt man den gewaschenen Reis abtropfen, ▷ bis er das Wasser ganz aufgesogen hat. Durch Kombu (Seetang) bekommt der Reis beim Kochen ein spezielles Aroma. In einer Holzschüssel (Hangiri) mischt man den gegarten Reis mit einer Lösung aus Reisessig, Zucker und Salz. Der säuerlich schmeckende Reis wird dabei ständig befächert, damit er rasch auskühlt. Rezept Seite 10.

Gebratener Tofu mit Hühnerfleisch

Iridofu

Zutaten für 4 Portionen:
200 g fester Tofu · 150 g Hühnerbrustfilet ohne Haut und Knochen · ½ dicke Möhre (etwa 70 g) · 1 Frühlingszwiebel · 2 Eßl. Öl · 2 Eßl. Sojasauce · ½ Eßl. Zucker · 3 Eßl. Sake (Reiswein, ersatzweise trockener Weißwein)

● Vorbereitungszeit: etwa 20 Minuten
● Garzeit: etwa 15 Minuten

So wird's gemacht: Den Tofu in etwa 1 cm große Würfel teilen. Das Hühnerfleisch in ½ cm große Würfel schneiden. Die Möhre schälen und in etwa 3 cm lange, feine Streifen schneiden. Die Frühlingszwiebel waschen, putzen und in feine Ringe teilen. • 1 Eßlöffel Öl in einem Topf bei mittlerer Hitze erwärmen. Das Hühnerfleisch darin unter ständigem Rühren anbraten. Wenn das Fleisch gar ist, die Möhre und die Frühlingszwiebel hinzufügen und 2-3 Minuten mitbraten. • In einer großen Pfanne das restliche Öl erhitzen und den Tofu darin bei starker Hitze anbraten. • Dann das Gemüse und das Fleisch dazugeben, mit der Sojasauce, dem Zucker und dem Reiswein würzen und unter Rühren weiterbraten, bis der Würzsud verdunstet ist.

◁ Für Dashi - die japanische Brühe - den Kombu einschneiden und mit Wasser aufkochen. Das Kombustück entfernen und den Kochprozeß mit etwas kaltem Wasser unterbrechen. Die Bonitoflocken dazugeben und nach dem erneuten Aufkochen warten, bis sie auf den Topfboden gesunken sind. Das Dashi dann durch ein Sieb gießen. Rezept Seite 10.

Gebackener Tofu mit Misosauce

Tofu no misodengaku

Zutaten für 4 Portionen:
600 g fester Tofu · 300 g helles, süßliches Miso · 3 Eigelbe · 3 Eßl. Zucker · 3 Eßl. Sake (Reiswein, ersatzweise trockener Weißwein) · 2 Eßl. Mirin (süßer Reiswein, ersatzweise lieblicher Weißwein und 1 Prise Zucker) · 2 Eßl. Sesamsamen · 1 Limette

● Vorbereitungszeit: etwa 20 Minuten
● Grillzeit: etwa 30 Minuten

So wird's gemacht: Den Tofu in 6 Scheiben schneiden, auf einem Stück Küchenpapier abtropfen lassen und das Wasser abtupfen. • Das Miso, die Eigelbe, den Zucker, den Sake und das Mirin in einen Topf über das heiße Wasserbad geben und unter ständigem Rühren so langsam erhitzen, bis die Sauce dickflüssig wie Rührteig ist. Die Misosauce dann abkühlen lassen. • Eine Pfanne bei mittlerer Hitze erhitzen und die Sesamsamen darin aromatisch rösten. Den Sesam im Mörser zerstoßen oder mit einem Messer zerkleinern. • Die Limette gut waschen und die Schale fein abreiben. Dann den Saft auspressen. • Die Misosauce in zwei Schälchen verteilen. Eine Hälfte mit den Sesamsamen, die andere Sauce mit dem Limettensaft und der abgeriebenen Schale verrühren. • Den Backofen auf 220° vorheizen. • Die Tofuscheiben in eine feuerfeste Form legen und im heißen Ofen auf der obersten Schiene auf jeder Seite so lange grillen, bis sie Farbe angenommen haben. • Die Hälfte der Tofuscheiben mit der Sesamsauce, die andere Hälfte mit der Limettensauce einpinseln. Den Tofu wieder in den Backofen schieben und weiterbacken, bis er leicht braun ist.

Gedämpfter Tofu mit Lachs und Gemüse

Chirimushidofu

Zutaten für 4 Portionen:
1 Lachskotelett (etwa 200 g) · Salz · 200 g fester Tofu · 100 g Austernpilze (ersatzweise große Champignons) · etwa 2 cm vom dicken Ende 1 Möhre · 8 Zuckerschoten (ersatzweise 8 Spinatblätter) · ½ unbehandelte Zitrone · 100 ccm Dashi (Rezept Seite 10) · 1 Teel. Sojasauce · 2 Eßl. Sake (Reiswein, ersatzweise trockener Weißwein) · 4 Stücke Kombu (See-tang), je 5 × 5 cm groß
Für die Ponzusauce: 80 ccm Zitronensaft (aus 2–3 Zitronen) · 80 ccm Sojasauce · 80 ccm Dashi (Rezept Seite 10)

● Vorbereitungszeit: etwa 25 Minuten
● Garzeit: etwa 15 Minuten

So wird's gemacht: Das Lachskotelett vorsichtig entlang der Mittelgräte halbieren, die Mittelgrä-te entfernen und die Gräten mit einer Pinzette herausziehen. Die Lachsstücke noch einmal hal-bieren und leicht salzen. Den Tofu in 8 dünne Scheiben schneiden. Die Pilze putzen, waschen und in Streifen schneiden. Das Möhrenstück schälen, in 2 mm dünne Scheiben schneiden und diese mit einer kleinen Plätzchenform aus-stechen. Die Zuckerschoten putzen und wa-schen. Die Schale der Zitrone abschälen und in feine Streifen schneiden. ● In einem Dampf-kochtopf 5 cm hoch Wasser zum Kochen brin-gen. ● Für die Brühe das Dashi, die Sojasauce, den Sake und wenig Salz mischen. Die Kom-bustücke in vier Suppentassen oder kleine tiefe Schälchen legen. Den Lachs, die Pilze und den Tofu darauf anrichten und die Brühe darüber-gießen. ● Wenn sich im Topf viel Dampf bildet, die Suppentassen auf den Siebeinsatz des

Dampfkochtopfs stellen und die Zutaten bei mittlerer Hitze etwa 10 Minuten garen. ● Dann die Zuckerschoten, die Möhrenscheiben und die Zitronenschale hinzufügen und alles weitere 5 Minuten garen. ● Den Zitronensaft mit der Sojasauce und dem Dashi mischen und zu dem Tofu servieren.

Ausgebackener Tofu in heißer Sauce

Agedashidofu

Knusprig ausgebackener Tofu in heißer Sauce ist ein wahrer Genuß für Ihre Gäste, insbeson-dere an kalten Wintertagen.

Zutaten für 4 Portionen:
50 g frische Ingwerwurzel · 150 g Rettich · 1 Frühlingszwiebel · 300 ccm Dashi (Rezept Seite 10) · 2 Eßl. Sojasauce · 2 Eßl. Mirin (süßer Reiswein, ersatzweise lieblicher Weißwein und 1 Prise Zucker) · ½ l Pflanzenöl zum Ausbacken · 300 g fester Tofu · 50 g Mehl

● Zubereitungszeit: etwa 30 Minuten

So wird's gemacht: Den Ingwer und den Rettich schälen und fein reiben. Die Frühlingszwiebel putzen und in feine Ringe schneiden. ● Das Dashi, die Sojasauce und das Mirin in einen kleinen Topf geben, einmal aufkochen lassen und warm stellen. ● Das Pflanzenöl in einem hohen Topf heiß werden lassen. ● Den Tofu vierteln, mit dem Mehl bestäuben und im hei-ßen Fett goldbraun ausbacken. ● Die Tofuwür-fel aus dem Fett nehmen und auf Küchenpapier abtropfen lassen. ● Die heiße Sauce in vier klei-ne tiefe Schälchen füllen und den gebackenen Tofu hineinstellen. Den Ingwer, den Rettich und die Frühlingszwiebel darauf anrichten.

Sashimi aus Ziegelfisch mit Kombu mariniert

Amadai no Kobujime

Zutaten für 4 Portionen:
400 g Ziegelfisch- oder Meerbrassenfilet · Salz ·
1 Stück Kombu (Seetang), etwa 5 × 30 cm groß ·
200 ccm Reisessig (ersatzweise Apfelessig) zum
Waschen des Fisches · ¼ Gurke · 2 Eßl. Mirin
(süßer Reiswein, ersatzweise lieblicher Weißwein
und 1 Prise Zucker) · 2 Eßl. Reisessig (ersatz-
weise Apfelessig) · 2 Eßl. Sojasauce · Wasabi
(japanischer grüner Meerrettich)

- Ruhezeit: etwa 6 Stunden
- Zubereitungszeit: etwa 20 Minuten

So wird's gemacht: Den Ziegelfisch oder die
Meerbrasse schon vom Fischhändler filetieren
lassen. Die Filets auf beiden Seiten leicht salzen
und im Kühlschrank etwa 2 Stunden ruhen lassen. • Den Kombu in 4 Stücke schneiden und
mit einem sauberen Küchentuch abwischen. Ein
feuchtes Küchentuch über die Stücke legen und
den Kombu weich werden lassen. • Nach den
2 Stunden den Fisch aus dem Kühlschrank nehmen, in dem Reisessig waschen und mit einem
Küchentuch gut abtrocknen. • Ein flaches Gefäß mit 2 Kombustücken auslegen. Die Fischfi-

Mein Tip Durch das Salz bekommt
der Fisch eine feste Konsistenz, da es auf
das Fischeiweiß wirkt und dem Filet Elastizität verleiht. Wenn Sie Sashimi zubereiten, achten Sie darauf, daß der Fisch
wirklich fangfrisch ist. Wichtig ist auch,
daß das Messer, das Küchentuch und das
Gefäß sehr gut gereinigt sind.

lets daraufgeben und mit den restlichen Kombustücken bedecken. Ein kleines Schneidebrett
darauflegen und mit einem Gewicht von etwa
500 g beschweren. Den Fisch im Kühlschrank
weitere 4 Stunden ruhen lassen. • Die Gurke
schälen und der Länge nach halbieren. Die Kerne mit einem Löffel herausschaben und die
Gurke in 1 cm dicke Stücke schneiden. • Das
Mirin, den Essig und die Sojasauce mischen. •
Den marinierten Fisch in dünne Scheiben
schneiden und mit der Gurke dekorativ auf vier
Tellern anrichten. Die Sauce und Wasabi getrennt dazu servieren.

Tintenfisch und Gurke mit Pflaumensauce

Ika to Kyuri no Umenikuae

Zutaten für 4 Portionen:
450 g Tintenfisch, frisch oder tiefgefroren ·
½ Gurke · 8 große Umeboshi (eingelegte
Salzpflaumen) · 1½ Eßl. Sake (Reiswein, ersatz-
weise trockener Weißwein) · ½ Teel. Zucker

- Zubereitungszeit: etwa 30 Minuten

So wird's gemacht: Gegebenenfalls den tiefgefrorenen Tintenfisch auftauen lassen. Den Fisch
dann waschen, abtrocknen, der Länge nach halbieren und die Haut abziehen. • Den Tintenfisch in reichlich kochendem Wasser 5-6 Minuten kochen, bis das Fleisch weiß wird. Den
Fisch abgießen, abtropfen lassen und in 4 cm
lange und 1 cm breite Streifen schneiden. • Die
Gurke schälen, der Länge nach halbieren und
die Kerne mit einem Löffel herausschaben. Die
Gurke wie den Tintenfisch schneiden. • Das
Fruchtfleisch der Pflaumen mit einem kleinen
Messer abschaben und auf einem Schneidebrett
klein hacken. Das Fruchtfleisch in einer Tasse

mit ½ Eßlöffel Reiswein mischen, bis eine glatte Paste entsteht. Dann den restlichen Sake und den Zucker hinzufügen und gut unterrühren. • Kurz vor dem Servieren den Tintenfisch und die Gurke mit der Pflaumensauce mischen.

Ausgebackene Fischfrikadellen

Satsumaage

Zutaten für 4 Portionen:
500 g Kabeljau- oder Rotbarschfilets, frisch oder tiefgefroren · 15 g frische Ingwerwurzel · 2 Bund Schnittlauch · ½ Möhre (etwa 50 g) · 2 Eßl. Sesamsamen · etwa 150 g Rettich · 1 Zitrone · 1 Ei · 3 Eßl. Mehl · 1 Eßl. Sojasauce Zum Ausbacken: ½ l Pflanzenöl

● Vorbereitungszeit: etwa 30 Minuten
● Garzeit: etwa 20 Minuten

So wird's gemacht: Gegebenenfalls die Fischfilets auftauen lassen. • Den Ingwer schälen und fein hacken. Den Schnittlauch waschen, trockentupfen und in feine Röllchen schneiden. Die Möhre schälen und in 2 mm dünne und 1 cm lange Streifen schneiden. • Die Sesamsamen in einer trockenen Pfanne unter Rühren aromatisch rösten. • Den Rettich schälen und fein reiben. Die Zitrone vierteln. • Die Fischfilets kleinschneiden und mit einem Mixstab oder im Mixer pürieren. • Den Ingwer, den Schnittlauch, die Möhre, die Sesamsamen, das Ei und das Mehl gut mit dem Fischpüree mischen und mit der Sojasauce würzen. • Das Öl in einem hohen Topf auf 160° erhitzen. • Die Fischmasse zu 8 Frikadellen formen und im heißen Fett goldgelb ausbacken. • Die fertigen Frikadellen auf Küchenpapier abtropfen lassen und mit dem Rettich, den Zitronenvierteln und etwas Sojasauce servieren.

In Misosauce marinierte, gegrillte Fischfilets

Sakana no Misozuke
Bild 2. Umschlagseite, vorne

Zutaten für 4 Portionen:
600 g Rotbarschfilets, frisch oder tiefgefroren · 3 Eßl. Mirin (süßer Reiswein, ersatzweise lieblicher Weißwein und 1 Prise Zucker) · 4 Eßl. helles, süßliches Miso · 3 Eßl. Sake (Reiswein, ersatzweise trockener Weißwein)

● Vorbereitungszeit: etwa 15 Minuten
● Marinierzeit: etwa 3 Stunden
● Grillzeit: etwa 20 Minuten

So wird's gemacht: Gegebenenfalls die tiefgefrorenen Fischfilets auftauen lassen. Den Fisch kalt abspülen und mit Küchenpapier trockentupfen, dann in 4 Portionen teilen. • Für die Marinade zuerst 1 Eßlöffel Mirin in das Miso geben und alles gründlich verquirlen. Dann das restliche Mirin und den Sake unterrühren. • Die Fischfilets in ein großes Gefäß legen. Die Marinade so darübergießen, daß der Fisch gut davon bedeckt ist. • Den Fisch zugedeckt etwa 3 Stunden im Kühlschrank marinieren. Dabei nach et-

Mein Tip Es gibt viele verschiedene Misosorten. Grundsätzlich schmecken helle Misos süßlich und dunkle Sorten kräftig und salziger. Weil der Salzanteil der verschiedenen Misosorten unterschiedlich hoch ist, muß die Marinade vor der Verwendung unbedingt gekostet werden (dies gilt für alle Rezepte mit Miso). Sie soll angenehm süß-salzig schmecken.

wa 2 Stunden wenden. • Den Elektrogrill oder den Backofen auf 200° vorheizen. • Die Fischfilets aus dem Gefäß nehmen und die Marinade etwas abtropfen lassen, aber nicht abwaschen. • Die Fischfilets in eine feuerfeste Form legen und unter dem Grill oder auf der obersten Schiene des heißen Ofens von jeder Seite 7–8 Minuten garen.

Ausgebackene Schollen

Karei no Karaage

Zutaten für 4 Portionen:
150 g Rettich · 200 ccm Dashi (Rezept Seite 10) ·
3 Eßl. Mirin (süßer Reiswein, ersatzweise
lieblicher Weißwein und 1 Prise Zucker) ·
3 Eßl. Sojasauce · 4 kleine Schollen (je etwa
150 g) oder 2 große Schollen (je etwa 300 g) ·
Salz · 30 g Mehl
Zum Ausbacken: etwa ½ l Pflanzenöl

● Vorbereitungszeit: etwa 25 Minuten
● Garzeit: etwa 10 Minuten

So wird's gemacht: Den Rettich schälen und fein reiben. • Das Dashi, das Mirin und die Sojasauce in einem kleinen Topf kurz aufkochen lassen und warm stellen. • Von den Schollen mit einem Messer die schwarzen Schuppen abschaben. Die Fische hinter den Kiemen etwa 3 cm tief einschneiden, ausnehmen und gründlich waschen. Oder die Fische schon vom Fischhändler vorbereiten lassen. Die Schollen mit Küchenpapier gut abtrocknen. Die Fische auf beiden Seiten zweimal etwa 4 cm lang einschneiden, so daß sie schnell zur Mitte hin erhitzt werden. • Das Öl in einem großen tiefen Topf auf 160° vorheizen. • Die Fische leicht salzen und mit dem Mehl bestäuben. Das überschüssige Mehl abschütteln und die Schollen im Fett etwa 7 Minuten (bei großen Fischen 10 Mi-

nuten) goldgelb ausbacken. • Die fertigen Fische auf Küchenpapier abtropfen lassen. • Die warme Sauce in vier Schälchen verteilen und mit den Schollen sofort servieren. Den geriebenen Rettich dazu reichen.

> **Mein Tip** Alle Gerichte, die in Fett ausgebacken werden, schmecken am besten, wenn sie sofort gegessen werden. Fangen Sie am besten mit dem Ausbakken erst an, wenn alle anderen Zutaten vorbereitet sind.

Nordseemuscheln mit japanischer Sauce

Kai no Sakairi

Zutaten für 4 Portionen:
Salz · 800 g Nordseemuscheln · 1 Frühlings-
zwiebel · 1 Knoblauchzehe · 10 g frische Ingwer-
wurzel · 1 Eßl. Öl · 8 Eßl. Weißwein ·
2 Eßl. Sojasauce

● Ruhezeit: etwa 3 Stunden
● Zubereitungszeit: etwa 30 Minuten

So wird's gemacht: Für die Muscheln etwa 1 l Wasser mit 2 Teelöffeln Salz mischen. Die Muscheln etwa 3 Stunden hineinlegen, damit sie den Sand abstoßen. • Die Frühlingszwiebel putzen, waschen und in feine Ringe schneiden. Die Knoblauchzehe schälen und fein hacken. Den Ingwer schälen und fein reiben. • Das Öl in einer großen Pfanne erhitzen und die Frühlingszwiebel, den Knoblauch und den Ingwer darin bei starker Hitze 2 Minuten anbraten. • Die Muscheln in die Pfanne geben und unter Rühren mitbraten. Wenn sie beginnen, sich zu öffnen, den Wein und die Sojasauce dazugießen. Die Muscheln bei mittlerer Hitze zugedeckt schmoren, bis sie sich geöffnet haben. Muscheln, die nicht geöffnet sind, wegwerfen.

Ausgebackenes Gemüse und Fisch

Tempura

Tempura wurde von portugiesischen Jesuiten in Japan eingeführt, die bis zur Mitte des 17. Jahrhunderts versuchten, in Japan zu missionieren. Nach dem Tode des Shoguns Ieyasu wurde das Christentum verboten und seine Anhänger auf die Halbinsel Shimabara verbannt. Tempura ist jedoch bis heute eine der beliebtesten Speisen Japans geblieben.

Zutaten für 4 Portionen:
200 g beliebiges Fischfilet, frisch oder tiefgefroren · 150 g frischer Tintenfisch oder tiefgefrorene Tintenfischringe · 200 ccm Dashi (Rezept Seite 10) · 40 ccm Mirin (süßer Reiswein, ersatzweise lieblicher Weißwein und 1 Prise Zucker) · 40 ccm Sojasauce · 150 g Rettich · 15 g frische Ingwerwurzel · 4 Shrimps · ½ Zucchino · ⅓ rote Paprikaschote · ½ Möhre · 4 große Champignons Zum Ausbacken: ¾ l Pflanzenöl
Für den Teig: 2 Eier · 150 ccm eiskaltes Wasser · etwa 150 g Mehl

● Vorbereitungszeit: etwa 45 Minuten
● Garzeit: etwa 20 Minuten

So wird's gemacht: Gegebenenfalls das Fischfilet und die Tintenfische auftauen lassen. • Für die Sauce das Dashi, das Mirin und die Sojasauce in einem kleinen Topf mischen und kurz aufkochen lassen, dann warm stellen. • Den

Rettich und den Ingwer schälen und getrennt fein reiben. Die Shrimps schälen, den Schwanz jedoch daranlassen. Den Rücken leicht einschneiden und den schwarzen Darm mit einem Zahnstocher entfernen • Das Fischfilet mit Küchenpapier gut abtupfen und in etwa 4 cm dicke und 8 cm lange Streifen schneiden. Den Tintenfisch schon vom Fischhändler ausnehmen lassen. Den Fisch waschen und abtrocknen, dann in 1 cm dünne Ringe schneiden. • Den Zucchino waschen, von Stiel- oder Blütenansatz befreien und in etwa 1 cm dicke Scheiben schneiden. Die Paprikaschote putzen, waschen und in 4 Streifen schneiden. Die Möhre schälen und in etwa 7 mm dünne Scheiben schneiden. Die Champignons putzen, waschen und abtropfen lassen. • Alle Gemüse und den Fisch auf einer Platte bereitstellen. Im Sommer die Zutaten in den Kühlschrank stellen, bis sie gebraucht werden. • Das Öl in einer Friteuse oder einem hohen Topf auf 160° erhitzen. • 1 Ei in einem Schüsselchen mit 70 ccm eiskaltem Wasser verrühren. 50 g Mehl hinzufügen und alles mit

Mein Tip Für die Zubereitung von gutem Tempura sollten Sie die folgenden Punkte beachten:
● Für Tempura immer frisches Öl verwenden.
● Der Teig und die Zutaten sollten möglichst kalt sein. Im Sommer die Zutaten in den Kühlschrank stellen, bis sie verwendet werden.
● Alle Zutaten gut abtropfen lassen oder trockentupfen, sonst spritzt das Öl beim Ausbacken. Übrigens kann man Tempura auch wie ein europäisches Ölfondue am Tisch zubereiten. In diesem Fall die Zutaten und den Teig auf den Tisch stellen, damit sich jeder Gast bedienen kann.

Stäbchen nur soweit verrühren, bis die Hälfte des Mehls mit der Eiflüssigkeit vermischt ist und noch einige Krümelchen zu sehen sind. Der Tempurateig soll nicht lange verrührt werden, da er sonst nicht knusprig wird. • Um die Öltemperatur zu prüfen, 1 Tropfen Teig hineingeben. Wenn der Tropfen bis zur Mitte des Öls absinkt und dann, ohne den Boden zu berühren, wieder aufsteigt, hat das Öl die richtige Temperatur. • Zuerst das hartfaserige Gemüse wie Paprika und Möhre in den Teig tauchen, in das Öl geben und goldgelb backen. Dann die Zucchinistücke und die Champignons fritieren. • Während des Ausbackens immer wieder die Krümelchen, die auf dem Öl schwimmen, mit einem kleinen Sieb herausholen. Sie verbrennen sonst und verderben den Geschmack des Öls. • Das fertige Gemüse nebeneinander auf Küchenpapier abtropfen lassen und warm halten. Wenn der Teig verbraucht ist, die restlichen Zutaten wie beschrieben verrühren. • Die Temperatur des Öls etwas erhöhen und den Tintenfisch, die Fischstücke und die Shrimps in den Teig tauchen und knusprig ausbacken. Den Fisch ebenfalls auf Küchenpapier abtropfen lassen. • Vier Teller mit Küchenpapier oder japanischem Reispapier auslegen und die heißen Tempuras darauf anrichten. Mit der Sauce, dem Rettich und dem Ingwer servieren.

Gegrillter Lachs Yuan-Art

Sake no Yuan Yaki

Zutaten für 4 Portionen:
2 Lachskoteletts von je 300 g · 4 Eßl. Sake (Reiswein, ersatzweise trockener Weißwein) · 2½ Eßl. Sojasauce · 2 Eßl. Mirin (süßer Reiswein, ersatzweise lieblicher Weißwein) · 1 Stück unbehandelte Zitronen- oder Limettenschale · 150 g Rettich

- Vorbereitungszeit: etwa 15 Minuten
- Marinierzeit: etwa 2 Stunden
- Grillzeit: etwa 15 Minuten

So wird's gemacht: Die Lachskoteletts vorsichtig entlang der Mittelgräte halbieren und die Mittelgräte entfernen. Mit einer Pinzette alle kleinen Gräten entfernen. • Für die Marinade den Sake, die Sojasauce und das Mirin verrühren. Die Sauce in ein flaches Gefäß geben. Die Zitronen- oder Limettenschale in sehr feine Streifen schneiden und in die Marinade streuen. Die Lachskoteletts hineingeben und 2 Stunden im Kühlschrank marinieren. • Den Rettich schälen und fein reiben. • Den Elektrogrill auf 200 °C vorheizen. • Den marinierten Fisch abtropfen lassen und auf den Grillrost legen. Den Lachs 7 Minuten grillen, dann mit der Marinade einpinseln und weitere 7 Minuten grillen. Den Lachs mit dem Rettich servieren.

Mein Tip Wenn Sie keinen Grill haben, können Sie den Lachs auch in der Pfanne zubereiten. 2 Teelöffel Öl in einer großen Pfanne erhitzen und den Fisch darin bei starker Hitze auf jeder Seite 2 Minuten anbraten. Die Marinade in die Pfanne gießen und den Fisch bei mittlerer Hitze zugedeckt 10 Minuten schmoren lassen. Dabei ab und zu mit einem Löffel Marinade über den Fisch gießen, damit er gleichmäßig mit der Sauce überzogen wird.

Gedämpfte Terrine mit Lachs und Chinakohl

Sake no Hakatamushi

Zutaten für 4 Portionen:
300 g Lachsfilet · 6 Chinakohlblätter · 1 Prise
Salz · 1 Ei · ½ Eßl. Pflanzenöl · 1 Eßl. Sake
(Reiswein, ersatzweise trockener Weißwein) ·
1 Eßl. Sojasauce · 1 Eßl. Speisestärke
Für die Sauce: 2 Eßl. Mirin (süßer Reiswein,
ersatzweise lieblicher Weißwein und 1 Prise
Zucker · 2 Teel. Sojasauce · 300 ccm Dashi
(Rezept Seite 10), ersatzweise Hühnerbrühe, ·
½ Eßl. Speisestärke · 1 unbehandelte Zitrone
Geräte: 1 Form von 20 × 4 × 5 cm · 1 Dampf-
kochtopf (siehe Seite 11)

● Zubereitungszeit: etwa 45 Minuten

So wird's gemacht: Den Lachs mit einer Pinzette von allen Gräten befreien, dann in etwa ½ cm dünne Scheiben schneiden. Den Chinakohl waschen, die dicken Blattrippen abschneiden. • In einem Topf Wasser mit dem Salz zum Kochen bringen. Den Chinakohl darin kurz blanchieren, herausnehmen und abtropfen lassen. • Das Ei gut verrühren. • Die Form mit Alufolie auskleiden und mit dem Pflanzenöl ausfetten. • Die Hälfte der Chinakohlblätter auf dem Boden der Form ausbreiten und mit ½ Eßlöffel Sake und ½ Eßlöffel Sojasauce würzen. Die Hälfte der Speisestärke darüberstäuben und mit der Hälfte des Eis begießen. • Eine Schicht Lachs hineinlegen und mit der restlichen Sojasauce und dem restlichen Sake würzen. Die restliche Speisestärke darüberstäuben und das restliche Ei hineingießen. Die Zutaten mit den restlichen Chinakohlblättern abdecken. • In einem großen Dampfkochtopf etwa 5 cm hoch Wasser aufkochen lassen. Wenn aus dem Topf reichlich Dampf aufsteigt, die Terrine auf den Siebeinsatz stellen und bei mittlerer Hitze etwa 10 Minuten über dem Dampf garen. • In der Zwischenzeit für die Sauce das Mirin, die Sojasauce und das Dashi oder die Hühnerbrühe in einen Topf geben und zum Kochen bringen. Die Speisestärke mit wenig Wasser glattrühren und in die Sauce geben. Die Sauce unter Rühren einmal aufkochen lassen. • Die Zitrone waschen, die Schale abschälen und in feine Streifen schneiden. • Die fertige Terrine vorsichtig aus der Form stürzen und die Alufolie abziehen. Die Terrine in 4 Stücke schneiden und mit der schönen Schnittfläche nach oben auf Tellern anrichten. Die Sauce darübergießen und mit den Zitronenstreifen bestreuen.

Dieses japanische Fondue mit Meeresfrüchten, Tofu, Fischfilet, Putenfleisch und Gemüse ist ein köstliches und gleichzeitig kalorienarmes Gericht, das trotzdem sättigt und wunderbar schmeckt. Die Zutaten können Sie je nach Jahreszeit und Geschmack variieren. Denn auch Zuckerschoten, Spitzkohl oder Kohlrabi, in dünnen Scheiben, können Sie verwenden und neben allen möglichen Meerestieren auch mageres Geflügelfleisch. Rezept Seite 52.

Fleisch auf japanische Art

Carpaccio auf japanische Art

Gyuniku no Tataki
Bild nebenstehend, vorne.

Tataki ist eigentlich eine Zubereitungsmethode für Bonito (ein Verwandter des Thunfisches).

Zutaten für 4 Portionen:
500 g mageres Rindfleisch (Roastbeef oder Rumpsteak, 2 Stücke in etwa 2 cm dicken Scheiben) · Salz · 5 Eßl. Sojasauce · 1 Eßl. Rotwein · 4 Eßl. Zitronensaft · 150 g Rettich · 1 Knoblauchzehe · 15 g frische Ingwerwurzel · etwas Gartenkresse · 1 Bund Schnittlauch

- Vorbereitungszeit: etwa 15 Minuten
- Ruhezeit: etwa 1 Stunde
- Fertigstellung: etwa 15 Minuten

So wird's gemacht: Den Elektrogrill vorheizen. Das Fleisch auf beiden Seiten leicht salzen und unter dem Grill auf jeder Seite etwa 1 Minute grillen, bis die Oberfläche etwas heller wird. Wenn Sie keinen Grill haben, eine Pfanne bei starker Hitze erwärmen und mit wenig Öl ausfetten. Das Fleisch darin pro Seite ½ Minute anbraten. • Das Fleisch sofort in eine Schüssel mit Wasser und einigen Eiswürfeln geben, dann mit einem sauberen Küchentuch abtrocknen. • 1 Eßlöffel Sojasauce mit dem Rotwein mischen und über das Fleisch geben. Das Fleisch in Frischhaltefolie wickeln und etwa 1 Stunde im Kühlschrank ruhen lassen. • Für die Sauce den Zitronensaft und die restliche Sojasauce mischen. Den Rettich schälen und fein reiben. Die Knoblauchzehe schälen und durch die Knoblauchpresse drücken. Den Ingwer ebenfalls schälen und fein reiben. Die Kresse schneiden, waschen und abtropfen lassen. Den Schnittlauch waschen und feinschneiden. Die Sauce und die vorbereiteten Zutaten getrennt in fünf Schälchen verteilen. • Das Fleisch in etwa 2 mm dünne Scheiben schneiden. Jeder Gast mischt die Sauce mit den Gewürzen oder Kräutern seiner Wahl und tunkt das Fleisch hinein.

Eierstich mit Hühnerfleisch

Chawanmushi
Bild 2. Umschlagseite, hinten

Japanischer Eierstich enthält mehr Brühe als europäischer und ist daher viel weicher.

Zutaten für 4 Portionen:
2 getrocknete Shiitakepilze oder 2 große Champignons · 150 g Hühnerbrustfilet ohne Haut und Knochen · ½ Eßl. Sojasauce · ½ Eßl. Sake (Reiswein, ersatzweise trockener Weißwein) · ½ dicke Möhre (etwa 50 g) · 4 große Spinatblätter
Für die Eimischung: 2 Eier · 350 ccm Dashi (Rezept Seite 10) · 2 Teel. Sojasauce · 1 Eßl. Mirin (süßer Reiswein, ersatzweise lieblicher Weißwein und 1 Prise Zucker) · 1 Eßl. Sake (Reiswein, ersatzweise trockener Weißwein) · 1 unbehandelte Zitrone

◁ Gekühlter Tofu mit verschiedenen Würzen (hinten) ist ein besonderer Genuß an heißen Sommertagen. Für Carpaccio auf japanische Art sollten Sie wirklich mageres Fleisch kaufen, da es roh gegessen wird. Rezepte Seite 36 und auf dieser Seite.

- Vorbereitungszeit: etwa 30 Minuten
- Garzeit: etwa 20 Minuten

So wird's gemacht: Die Shiitakepilze in etwa 150 ccm lauwarmem Wasser 15 Minuten einweichen. • Das Hühnerbrustfilet in etwa 2 cm große Würfel schneiden, mit der Sojasauce und dem Reiswein mischen und marinieren, bis das Fleisch gebraucht wird. • Die Möhre schälen, in ½ cm dünne Scheiben schneiden und diese mit einem kleinen Plätzchenförmchen ausstechen. Den Spinat putzen, waschen und die harten Stielteile entfernen. • Die eingeweichten Pilze abtropfen lassen (das Pilzwasser nicht wegschütten). Die Stiele abschneiden und die Pilzköpfe vierteln. • Die Eier gut vermischen. Das Pilzwasser und das Dashi in einen Meßbecher geben. Die Mischung gegebenenfalls mit Wasser auf 400 ccm Flüssigkeit auffüllen, dann mit der Sojasauce, dem Mirin und dem Sake würzen. • Die Zitrone waschen, schälen und die Schale in dünne Streifen schneiden. • In einem Dampfkochtopf etwa 5 cm hoch Wasser zum Kochen bringen. • Die Eiflüssigkeit in vier Schälchen oder Tassen von je etwa 180 ccm Inhalt füllen und die Pilze und das Fleisch hineinlegen. • Wenn aus dem Topf reichlich Dampf hochsteigt, die Schälchen auf dem Siebeinsatz hineinstellen. Die Hitze herunterschalten und den Deckel etwas versetzt auflegen. • Den Eierstich bei mittlerer Hitze etwa 20 Minuten garen.

Mein Tip Eierstich kann auch im Wasserbad gegart werden. Dazu in einem großen Topf, in dem alle vier Schälchen Platz haben, etwa 4 cm hoch Wasser zum Kochen bringen. Die Schälchen hineinstellen und einzeln mit Alufolie zudecken. Dann die Hitze reduzieren und den Eierstich wie oben beschrieben garen.

• Wichtig ist, daß die Eiflüssigkeit nie über 90° erhitzt wird, das Wasser also nicht sprudelnd kocht, sonst bekommt der Eierstich Löcher und ist ungenießbar. • Gegen Ende der Garzeit die Spinatblätter, die Möhre und die Zitronenstreifen auf der Oberfläche des Eierstichs verteilen. Als Garprobe ein Stäbchen in den Eierstich stecken. Wenn klare Brühe austritt, ist er gar.

Grillspießchen mit Huhn und Gemüse
Yakitori

Yakitori ist eines der beliebtesten Gerichte japanischer Straßenrestaurants. Vom appetitlichen Grillgeruch angelockt, gehen viele Japaner nach einem langen Arbeitstag in eine Yakitorikneipe, wo außer Grillspießchen auch kleine Appetithäppchen serviert werden. Zu Yakitori wird je nach Jahreszeit kühles Bier oder warmer Reiswein getrunken.

Zutaten für 4 Portionen:
3 Eßl. Zucker · 8 Eßl. Mirin (süßer Reiswein, ersatzweise lieblicher Weißwein und 1 Prise Zucker) · 10 Eßl. Sojasauce · 4 Eßl. Sake (Reiswein, ersatzweise trockener Weißwein) · 2 Eßl. Butter · 400 g Hühnerbrustfilet ohne Haut und Knochen · ½ Stange Lauch · ⅓ rote Paprikaschote · ½ Zucchino · ½ mittelgroße Zwiebel

- Vorbereitungszeit: etwa 40 Minuten
- Grillzeit: etwa 15 Minuten

So wird's gemacht: Den Holzkohlengrill sofort oder den Elektrogrill vor der Zubereitung der Gemüsesauce vorheizen. • Für die Fleischsauce den Zucker, das Mirin, 8 Eßlöffel Sojasauce und den Sake in einem kleinen Topf zum Kochen bringen und bei mittlerer Hitze um ein Drittel einkochen lassen, bis die Sauce dickflüssig wird. Die Sauce in ein Gefäß geben und abkühlen lassen. • Für die Gemüsesauce die restliche Sojasauce und die Butter in eine Tasse geben und im heißen Wasserbad erwärmen, bis die Butter geschmolzen ist. • Das Hühnerbrustfilet in etwa 2½ cm große Würfel schneiden. Den Lauch putzen, waschen und in 2½ cm lange Stücke schneiden. Das Fleisch und den Lauch abwechselnd auf 4 Grillspießchen stecken. • Die Paprikaschote, den Zucchino und die Zwiebel putzen und waschen oder schälen und in 2 cm große Stücke schneiden. Das Gemüse ebenfalls auf 4 Grillspießchen stecken. • Die Fleischspießchen mit der Fleischsauce und die Gemüsespießchen mit der Gemüsesauce einpinseln. Die Spießchen 3–4 Minuten grillen, dann erneut mit den Saucen einpinseln und insgesamt etwa 10 Minuten weitergrillen. Dabei das Gemüse noch einmal und das Fleisch zweimal mit den Saucen einpinseln. • Die fertigen Spießchen auf einer Platte anrichten und mit den Händen essen. Nach Belieben mit Shichimitogarashi (japanische Gewürzmischung aus 7 Gewürzen) oder deutschem Paprikapulver würzen.

Rindfleischröllchen mit Gemüse

Gyuniku no Yasaimaki
Bild Umschlag-Vorderseite

Zutaten für 4 Portionen:
1 Möhre (etwa 70 g) · 70 g Stangenbohnen ·
Salz · 8 Scheiben Rindfleisch (Rumpsteak),
etwa 3 mm dick, 15 cm lang und 6 cm breit ·
1 Eßl. Sojasauce · 3½ Eßl. Speisestärke ·
1 Eßl. Pflanzenöl
Für die Sauce: 1 Eßl. Sojasauce · 3 Eßl.
Rotwein · 1 Eßl. Wasser · ½ Eßl. Speisestärke

● Zubereitungszeit: etwa 35 Minuten

So wird's gemacht: Die Möhre schälen und in etwa 5 cm lange, dünne Streifen schneiden. Die Bohnen waschen und putzen. • In einem mittelgroßen Topf Wasser mit 1 Prise Salz zum Kochen bringen. Die Bohnen darin bißfest kochen, mit einem Schaumlöffel herausheben und abtropfen lassen. Die Möhre in das Wasser geben und ebenfalls bißfest kochen. Dann abgießen und abtropfen lassen. • Die Rindfleischscheiben auf der Arbeitsfläche ausbreiten und mit der Sojasauce würzen. Die Hälfte der Speisestärke darüberstäuben. Die Möhre und die Bohnen auf den Fleischscheiben verteilen und diese zu längeren Rollen zusammenrollen. Die Enden der Fleischrollen jeweils mit einem Zahnstocher zusammenstecken. Die Röllchen leicht mit der restlichen Speisestärke bestäuben. • Das Öl in einer großen Pfanne heiß werden lassen. Die Röllchen darin bei starker Hitze von allen Seiten in 2–3 Minuten goldbraun anbraten. • Für die Sauce die Sojasauce, den Wein, das Wasser und die Speisestärke mischen und über die Röllchen gießen. • Die Hitze sofort reduzieren und die Röllchen zugedeckt bei schwacher Hitze 4–5 Minuten schmoren lassen. • Die Röllchen in 3–4 Stücke schneiden und mit der schönen Schnittfläche nach oben auf einer großen Platte anrichten. Die Sauce darübergießen.

Mein Tip In der japanischen Küche wird Fleisch meist in dünne Scheiben geschnitten. Lassen Sie dazu das Fleisch im Gefrierfach etwa 1 Stunde gefrieren und schneiden Sie es dann mit einem sehr scharfen Fleischmesser in hauchdünne Scheiben.

Fondue mit Meeresfrüchten

Yosenabe
Bild Seite 47

Dieses Gericht ist genau das Richtige für Sie, wenn Sie schlank bleiben, aber nicht auf gutes Essen verzichten möchten. Dieses kalorienarme Fondue schmeckt wunderbar und ist gleichzeitig sättigend.

Zutaten für 4 Portionen:
8 Austern oder Muscheln · 100 g Putenbrustfilet · 100 g beliebiges Seefischfilet · 4 Shrimps · 150 g fester Tofu · 4 Austernpilze oder große Champignons · 100 g Shirataki (frische Glasnudeln) oder 20 g Harusame (getrocknete Glasnudeln) · 1 Möhre (etwa 75 g) · 100 g Blattspinat · 4 große Chinakohlblätter
Für die Ponzusauce: 70 ccm Zitronensaft · 70 ccm Dashi (Rezept Seite 10) · 70 ccm Sojasauce
Für die Brühe: 800 ccm Dashi (Rezept Seite 10) · 2 Eßl. Sake (Reiswein, ersatzweise trockener Weißwein) · 2 Eßl. Sojasauce · 2 Eßl. Mirin (süßer Reiswein, ersatzweise lieblicher Weißwein und 1 Prise Zucker)
Kochgerät: ein Fonduetopf und ein Rechaud

● Ruhezeit: eventuell 2 Stunden
● Vorbereitungszeit: etwa 45 Minuten

So wird's gemacht: Wenn Sie Muscheln verwenden, diese mindestens 2 Stunden in Salzwasser legen, damit sie den Sand abstoßen. • Das Putenfleisch und den Fisch in etwa 4 cm große Würfel schneiden. Die Shrimps schälen, dabei das Schwanzende daranlassen. Die Shrimps am Rücken leicht einschneiden und den schwarzen Darm mit einem Zahnstocher entfernen. Den Tofu ebenfalls in etwa 4 cm große Würfel schneiden. • Die Pilze putzen, von den Stengeln befreien und gegebenenfalls halbieren. • Die Shirataki in ein Sieb geben und mit heißem Wasser übergießen. Dann abtropfen lassen und halbieren. Oder die Harusame in kochendem Wasser 2–3 Minuten garen, abtropfen lassen und halbieren. • Die Möhre schälen und in 3 mm dünne Scheiben schneiden. Die Scheiben nach Belieben mit einer kleinen Plätzchenform ausstechen. • Den Spinat waschen und die harten Stielteile abschneiden. Den Chinakohl waschen und in 4 cm dicke Streifen schneiden. Dabei die harten Stielteile etwas feiner schneiden. • Für die Ponzusauce den Zitronensaft, das Dashi und die Sojasauce mischen und in vier Schälchen verteilen. • Die Muscheln in einem Sieb abtropfen lassen. • Für die Brühe das Dashi, den Sake, die Sojasauce, das Mirin mischen und in einem Topf kurz aufkochen lassen. • In der Küche etwa ein Drittel aller vorbereiteten Zutaten in den Fonduetopf schichten. • Die restlichen Zutaten auf einem großen Teller farbenfroh anrichten. • Die heiße Brühe in den Fonduetopf gießen, bis die Zutaten knapp davon bedeckt sind. Dann auf dem Herd aufkochen lassen. Wenn die harten Zutaten wie die Möhren gegart sind, den Topf zu Tisch bringen und auf dem Rechaud weiterkochen. • Jede Person nimmt sich das Gegarte aus der Brühe und tunkt es in die Ponzusauce. • Neue Zutaten werden erst dann in den Topf gegeben, wenn die Brühe wieder kocht. Wenn die Brühe zu stark einkocht, kann man etwas Wasser nachgießen. Zum Abschluß des Essens wird die aromatische Brühe aus kleinen Schälchen getrunken.

Varianten: Das Fondue schmeckt auch mit anderen Zutaten wie Zuckerschoten, Spitzkohl, Wirsing und Kohlrabi in dünnen Scheiben, allen Meerestieren wie Tintenfisch und magerem Geflügelfleisch. Variieren Sie die Zutaten je nach Jahreszeit und Ihrem Geschmack.

Fondue mit Fleisch und gemischtem Gemüse

Shabu-Shabu

Dieses Gericht steht in der Beliebtheit meiner deutschen Freunde an erster Stelle. Die hauchdünn geschnittenen Rindfleischscheiben und das Gemüse werden in der kochenden Brühe hin und her bewegt, bis das Fleisch rosa wird. Dann wird es in die Sauce getunkt. Das japanische Wort Shabu-Shabu ist eine Bezeichnung für das Geräusch, das beim Bewegen der Zutaten entsteht. Die Zutaten für dieses Fondue sind überall problemlos zu erhalten.

Zutaten für 4 Portionen:
400 g mageres Rindfleisch (zum Beispiel Rumpsteak) · 20 g Harusame (getrocknete Glasnudeln) · 200 g fester Tofu · 1 dicke Möhre (etwa 100 g) · 6 beliebige frische Pilze · 4–5 große Chinakohlblätter · 150 g Blattspinat · 1 Stück Kombu (Seetang), etwa 5 × 10 cm groß · 1 l Wasser
Für die Ponzusauce: 1 Knoblauchzehe · 6 Eßl. Zitronensaft · 6 Eßl. Sojasauce · 3 Eßl. Sake (Reiswein, ersatzweise trockener Weißwein) · 3 Eßl. Dashi (Rezept Seite 10)
Für die Misosauce: 3 Eßl. Sesamsamen · 1½ Eßl. helles, süßliches Miso · 3–4 Teel. Zucker · 4 Eßl. Reisessig (ersatzweise Apfelessig) · 4 Eßl. Sake (Reiswein, ersatzweise trockener Weißwein) · 2 Eßl. Sojasauce · 1 Eßl. scharfer Senf · 4 Eßl. Dashi (Rezept Seite 10) · 100 g Rettich · 1 Frühlingszwiebel
Kochgerät: ein Fonduetopf und ein Rechaud

● Ruhezeit: eventuell 1 Stunde
● Vorbereitungszeit: etwa 1 Stunde

<u>So wird's gemacht:</u> Das Fleisch schon vom Fleischer schneiden lassen oder es im Tiefkühlgerät in 1 Stunde halb gefrieren lassen und mit einem scharfen Messer in hauchdünne Scheiben schneiden. ● Die Harusame in kochendem Wasser 2–3 Minuten kochen lassen, abtropfen lassen und halbieren. ● Den Tofu in etwa 3 cm große Würfel schneiden. Die Möhre schälen, in ½ cm dünne Scheiben schneiden und diese mit einer kleinen Plätzchenform ausstechen. Die Pilze putzen, waschen und halbieren. Den Chinakohl waschen und in etwa 3 cm dicke Streifen schneiden. Dabei die dicken Blattrippen etwas feiner schneiden. Den Spinat putzen, waschen und die harten Stielteile entfernen. Alle Zutaten auf einer großen Platte dekorativ anrichten.

Für diese kunstvollen Formen benötigt man das dickere Ende der Möhre und kleine Plätzchenformen.

● Das Kombustück mit einer Küchenschere einschneiden und in einem großen Topf mit dem Wasser langsam zum Kochen bringen. Wenn das Wasser kocht, das Kombustück herausnehmen und den Topf vom Herd ziehen. ● Während die Brühe kocht, die zwei Saucen zubereiten. Für die Ponzusauce die Knoblauchzehe schälen und durch die Knoblauchpresse drücken. Dann mit dem Zitronensaft, der Sojasauce, dem Reiswein und dem Dashi mischen. Für die Misosauce die Sesamsamen, das Miso, den Zucker, den Essig, den Reiswein, die Sojasauce, den Senf und das Dashi gut mischen. ● Den Rettich schälen und fein reiben. Die Frühlingszwiebel putzen, waschen und in feine Ringe schneiden. • Die Brühe in dem Fonduetopf auf dem Herd aufkochen lassen. Alle Zutaten, die eine lange Garzeit benötigen, jetzt schon in den Topf geben. Wenn sie halb gar geworden sind, den Topf zu Tisch bringen und auf den Rechaud stellen. • Für jeden Gast die zwei Saucen getrennt in Schälchen füllen und den Rettich und die Zwiebelringe zum individuellen Würzen der Ponzusauce reichen.

Rindfleischfondue mit Gemüse

Sukiyaki

Wir Japaner lieben Fondues. Für uns gibt es an einem kalten Winterabend nichts Schöneres als am dämpfenden Fonduetopf zu sitzen. Ein Fondue ist außerdem auch sehr praktisch, denn der Gastgeber muß nicht ständig aufstehen, um den nächsten Gang aus der Küche zu holen. Alles wird am Tisch zubereitet. Sukiyaki ist das bekannteste Fondue Japans.

Zutaten für 4 Portionen:
600 g Rinderlende oder Rumpsteak · 200 g Shirataki (frische Glasnudeln) oder 20 g Harusame (getrocknete Glasnudeln) · 150 g fester Tofu · 6 Austernpilze oder 6–8 große Champignons · 1 kleine Stange Lauch · 4–6 Blätter Chinakohl Für die Würzbrühe: 300 ccm Dashi (Rezept Seite 10) oder Hühnerbrühe · 5 Eßl. Sojasauce · 3 Eßl. Zucker · 3 Eßl. Sake (Reiswein, ersatzweise trockener Weißwein) · 1 Eßl. Öl Kochgerät: ein Fonduetopf und ein Rechaud

● Ruhezeit: 1 Stunde
● Vorbereitungszeit: etwa 40 Minuten

So wird's gemacht: Das Fleisch schon vom Metzger in hauchdünne Scheiben schneiden lassen oder für 1 Stunde in das Gefrierfach legen. Das Fleisch dann mit einem scharfen Messer in hauchdünne Scheiben schneiden. • Die Shirataki mit kochendem Wasser übergießen, abtropfen lassen und dritteln. Oder die Harusame in kochendem Wasser 2–3 Minuten garen, abtropfen lassen und ebenfalls in 3 Stücke schneiden. • Den Tofu in etwa 4 cm große Würfel schneiden. Die Pilze waschen, die Stengel abschneiden und die Pilzköpfe halbieren. Den Lauch putzen, waschen und schräg in etwa 1 cm breite Ringe schneiden. Die Chinakohlblätter waschen und in 4 cm breite Streifen schneiden. Dabei die dicken Blattrippen etwas feiner schneiden. • Alle diese Zutaten auf einem großen Teller dekorativ anrichten. • Für die Würzbrühe das Dashi oder die Hühnerbrühe, die Sojasauce, den Zucker und den Reiswein mischen und in einem Topf erwärmen, bis der Zucker aufgelöst ist. • Den Fonduetopf in der Küche auf dem Herd erhitzen und das Öl darin heiß werden lassen. • 5–6 Scheiben Rindfleisch im heißen Öl anbraten. Wenn das Fleisch fast gar ist, die Hälfte der Würzbrühe und ein Drittel der übrigen Zutaten hineingeben. • Wenn das Gemüse gar ist, den Topf zu Tisch bringen, auf dem Rechaud weiterkochen lassen und mit dem Essen beginnen. • Die restlichen Zutaten werden nach Bedarf in der Brühe gegart. Falls die Brühe zu stark einkocht, etwas Wasser oder Dashi hinzufügen. • Zum Schluß des Essens die aromatische Brühe aus kleinen Schälchen trinken.

Rezept- und Sachregister

Einige spezielle Zutaten der japanischen Küche:
1 Reis, **2** Glasnudeln, **3** Shirataki (Glasnudeln), **4** Soba (Buchweizennudeln), **5** Sojasauce, **6** Wasabi (grüner Meerrettich), **7** Shichimitogarashi (Mischung aus 7 Gewürzen), **8** Katsuobushi (Bonitoflocken), **9** und **10** Umeboshi (Salzpflaumen), **11** Tofu, **12** Kamaboko (Fischpastete), **13** Shiitakepilze, **14** Hijiki (Seetang), **15** Noriblätter (Seetang), **16** Kombu (Seetang), **17** Wakame (Riemenblättertang)